ひとりでも、君は生きていける。

You Can Live your Life, Even if Alone.

金川顕教

Akinori Kanagawa

Gakken

Prologue

僕が大企業を辞めて「ひとり」で働きはじめたその理由

僕は金川《かながわ》顕教《あきのり》、32歳。

かつて勤めていたのは、世界一の規模を誇る会計事務所デロイト・トウシュ・トーマツグループの監査法人トーマツ。社員数約6500人。

僕はその巨大な組織を3年で辞めて、ひとりになりました。起業したのです。

事務所なし従業員なしの僕の会社は年々売上を伸ばし、4年間で約9億6千600万円を売り上げました。

今期はさらに伸び、年商が10億円に達しました。

僕は今、自由になる時間とお金、やりたいことだけをやる「楽しい人生」を大いに謳歌しています。

ここにたどり着くまで、僕の人生の戦略は、ずばり「ひとり」を貫くことでした。

僕はお金持ちになって、自由な世界を手に入れたかった

僕は三重県三重郡の出身。小学校の頃から勉強はまったくせず、通っていた地元の高校は地域で下から3番目といわれるレベル。

男子はヤンキー率90％で、卒業すると、ほとんどの生徒が地元で就職か、専門学校に進学。アルバイトか水商売に行く人もいました。

大学に進学する人は、周囲にほとんどいませんでした。

おそらく、たいていの生徒は、大学といっても「東大、早稲田、慶應」くらいしか知らなかったと思います。

僕は、その頃、「起業してお金持ちになり、経済的に自由になる」という夢を持っていました。両親の離婚により経済的に苦しかったので、目指していた音大進学をあきらめたのですが、成功するためには大学に行くしかないと思ったのです。

といっても、当時の僕の偏差値はたったの35。現役の受験では、受ければ誰でも受かる大学しか受かりませんでした。

けれど、成功したかった僕は、浪人して早稲田や慶應といった〝いい大学〟を目指すことにしたのです。

「早慶の偏差値レベル60～70台を目指すには、ハンパな気持ちじゃ絶対に無理だな。高校の同級生と仲良くつるんでいたら絶対に受からない！」と思いました。

僕は、毎日つるんでいた友だちから静かに離れて、以来ずっと距離をおきました。浪人して、ひとりで大学進学を目指すことにしたのです。

地元からできるだけ離れるため、朝5時起きして名古屋の予備校に通いました。朝6時から夜の12時まで猛勉強。2浪の末、合格できたのは立命館大学の産業社会学部でした。残念ながら、早稲田や慶應には及ばなかった。

それでも、その高校から立命館大学に入ったのは、それまでの20年間で僕ひとり。高校の先生たちは驚き、喜んでくれました。

高校時代の同級生たちからは、次のように質問されました。

「リツメイカン？　何それ？」

「大学の名前だよ。京都にあるんだ」

僕は、20年間慣れ親しんだ地元を離れ、ひとり京都へ向かいました。

楽しい「キャンパスライフ」とは、完全に縁を切った

大学に合格したのは嬉しかったけれど、現実は「2浪」というギリギリの状態。現役で受かった同級生と比べたら、2年遅れています。これじゃあ、給料の高い、いい企業には就職できない、と焦りました。

「やばい、お金持ちから遠くなる」。計画の修正を余儀なくされたのです。

僕は、難関資格を取得しておこう、資格があれば、当然就職に有利と考えました。

将来的に、起業する夢も持っていたので、会社の経営やビジネスの仕組みも学べる公認会計士の資格を目指すことにしました。

「大学入試では、勉強しはじめたのが遅かったから、2年浪人するはめになったんだ。

その失敗を繰り返さないため、目標を決めたらすぐ行動に移そう」、と思いました。

そこで、大学入学式の前に、公認会計士試験のスクールに申し込んだのです。


資格を目指してからは、合格体験記を読みまくりました。

すると、「大学にマトモに通っていると、受からない」という人が多かった。

なにしろ、合格率が10％ないくらいの難関資格です。しかも、僕はもともとデキるほうではない。


大学だって、２年間猛勉強してやっと入れた。

自分で言うのもなんだけど、どちらかといえばおバカです。

でも僕は、在学中にどうしても、公認会計士の試験に合格しておきたかった。２浪というハンディを縮めたかったのです。

そこで大学では、テストだけで単位が取れる授業ばかりを選びました。

合コン、サークルの飲み会、夏は海でバーベキュー……。そんな、大学生なら誰もが満喫するであろう、明るく楽しいキャンパスライフは捨てました。

僕は、孤独に資格取得を目指す「ひとり戦略」を開始したのです。

朝6時から大学に行き、空いている教室や図書館で、ひたすら公認会計士試験の勉強。周りに資格を目指している人はいなかったから、ずっと、ひとりだった。

出席しなければいけない授業がある時は、後ろの席に座って、公認会計士試験の問題を解いていました。


同級生がみんなスマホ片手に仲間と遊びに行く約束をしているその横で、僕の右手にあったのはシャーペン、左手には電卓です。公認会計士試験に合格するには、電卓を早く間違えずに打って計算する必要がある。いつもカタカタ打ちまくっていました。


大学では、誰とも、ひと言も話をしない日もざらにありました。

むしろ好都合。口にこそ出さなかったけれど、いつもこう思っていました。

「頼む。ひとりにしておいてくれ」

同級生たちが嫌いだったわけじゃない。時間が惜しかった。意味のない話につきあうくらいなら、自分の夢実現のために1分でも多く使いたかったのです。

大学の授業が終わると、公認会計士試験のスクールに行き、また勉強。

大学時代の４年間は、浪人中と変わらず朝６時から夜の12時まで、休まず勉強しまくりました。遊びにも行かず、飲みにも行かず、ただ、大学とスクールと自宅の３か所をくるくる周り続けました。

やはり、真剣な努力は裏切らない。

在学中に、念願の公認会計士試験合格を手に入れました。

「ひとり戦略」のおかげです。

そして、大学４年の秋、超メジャー企業・トーマツの採用試験に受かりました。本社は知り合いがひとりもいない大都会・東京にあります。

卒業直後、勉強に明け暮れた思い出しかない京都をあとに、僕は、東京へと向かいました。

「超メジャー＆高収入」の環境を捨て、さらに「ひとり」の世界へ

トーマツの年収は新卒で６００万円。30代で１０００万円、40代で２０００万円も

狙えます。社会的信用も高く、親も安心してくれました。僕にとって将来の夢である「起業」は魅力的でしたが、その一方で、この会社でトップを目指すのもいいんじゃないかと思いました。

仕事も充実していました。大企業の内情や、社会がどう回っているかを知ることもできて、学びは想像以上。入社してしばらくは、仕事が終わったら同僚と飲みにも行きましたし、旅行も行きました。でも、25歳になった時に思ったのです。

「30代まで、まだ5年もある。年収1000万になるまでに、時間がかかりすぎる。しかも、仕事は激務でストレスも相当のものだ。朝9時から夜遅くまで仕事があり、決算前になると帰宅できないこともある。自由になる時間が少なすぎる。

僕にとって何より大事なのは、自由や、新しいことへのチャレンジだったはず。この生活は、僕が本当に望んでいたものだろうか？」

自問自答する毎日がしばらく続き、ある日、この結論にたどり着きました。

「やはり、起業したほうがいい」

入社3年目の11月、密かにそう決意し、僕は再び「ひとり戦略」を開始しました。

同僚や上司との食事や飲み会は絶ちました。

朝6時に起き、会社に行くまでの時間と、退社してから夜中の3時まで、ひとりでもくもくと起業の準備にいそしみました。

起業のためのセミナーに行き、副業でコツコツとアフィリエイトも開始しました。

副業を開始した月の売上は2万円でしたが、5か月後には、1か月の売上が400万円を超えました。1年間の売上ではなく、ひと月の売上です。

そして翌年の4月、僕は3年間勤めたトーマツを辞めました。

辞める時、親や同僚など、僕の周りは、ことごとく反対しました。

「将来の安定を約束された最高の職場なのに、なんてもったいないことを！」

でも、僕にはまったく響きませんでした。

なぜなら、僕がほしかったのは、みんなが望む「安定」ではなかったのです。

「変化」であり、経済的、時間的な「自由」です。

周りと歩調を合わせながら「望まないこと」を一生続けるのではなく、「やりたいこと」「チャレンジしたいこと」に全力で集中し、もっともっと上を目指したかった。

僕は、成長していきたかったのです。

「ひとり戦略」は、会社員には必要ないのか?

さて、今の僕ですが、こうして独立して、2017年度で5期目となります。

1期目は年商4500万円、粗利3900万円。

2期目は年商8600万円、粗利5100万円。

3期目は年商1億3500万円、粗利5600万円。

4期目は年商7億円、粗利3億5000万円。

お金だけでなく、自由な時間も手に入れたし、何よりも、「いつもやりたいことをやっている」という人生の充実感があります。


振り返れば、何か目標を達成しようとする時には、いつも、友だちや仲間、組織から距離を置き、ひとりで自分の目標達成に向かって突っ走ってきました。

大げさではなく、ひとりでいる時間、ひとりでいる空間が、僕の土台を作ったといえます。

本書では、僕が、お金や自由、目標達成をどうやって手に入れてきたか、そのベースにあった「ひとり戦略」を中心に語り尽くしていこうと思います。

僕のいう「ひとり」とは、ひと言でいえば、「自立した個人」であること。主体的に人生を切り開いていけるマインドセットのことです。

僕は独立して起業したけれど、「ひとり戦略」は、会社勤めをしている人にも、おすすめしたいです。会社員を経験して痛感したことですが、企業の中でも、「ひとり」で自立した生き方は必要不可欠です。

会社には「なぜ、こんな無駄なことに自分の時間を割く必要があるのか?」「自分に割り当てられたこの仕事は、本当に企業の利益に貢献できているのか?」そう疑問に思わざるを得ない仕事が多数存在します。

それらの仕事には、実は隠された深い意味があったり、またその反対に、思った通り全然意味がなかったりするものも多くあります。

ひとりひとりが、しっかりと個人として自立して仕事に取り組まなければ、そうしたことに何の疑問も持たず、せっせと自分の時間を会社に捧げ、気がつけば人生も終わりでしょう。

もう、同僚や上司とのなれ合いは終わりにしよう。
自分の人生の貴重な時間を無駄に使うのではなく、本当にやりたいことに使おう。
みんなと同じものじゃなく、本当に自分がほしいものを手に入れよう。
だって、君の人生じゃないか。

「ひとり戦略」は、お金や自由を手に入れたい人、自分らしく生きたい人に必ず役立ちます。

本書でそのヒントをつかみ、多くの人が、思い通りの自分の人生を生き切ることを願っています。

金川顕教

ひとりでも、君は生きていける。

Contents

Contents

Chapter 2 人間関係で「ひとり」になる。

Chapter 3 環境・時間で「ひとり」になる。

Chapter 5

ひとりでも、君は生きていける。

Chapter 1

成功したければ「ひとり」になろう。

01

「周りと同じこと」に意味はない。

「ひとり」というと、孤独感とか、さびしさとか、マイナスなイメージを持つ人が多いかもしれません。SNSがこれだけ発達して、みんなが人とのつながりを求めているのだから、当然のことだと思います。

けれど、僕自身は、ポジティブに「ひとり」という状態をとらえています。人生の重点的戦略にしてきたといっても過言ではありません。

「ひとり」を大事にしてきたからこそ、今の僕があります。

勉強にも集中できたし、公認会計士の試験にも合格できたし、独立・起業も順調にいって、お金と時間の自由を手に入れられた。どれも、「ひとり」じゃなければ、まず、成し遂げられなかったでしょう。

とはいっても、子どもの頃から「ひとり」を意識してきたわけではありません。「ひとり」を意識するようになったのは、中学2年の頃。両親の離婚がきっかけでした。父と兄と僕という、男3人暮らしがはじまってから、なんでも「ひとり」でやっていこうという気持ち、つまり、自立心がムクムクと芽生えてきたのです。

ほかの家庭のことはわかりませんが、僕の家の場合、母親がいなくなった途端、何もかも自分でやらなければならなくなりました。父が、僕と兄を男手ひとつで育ててくれたことは間違いない。けれど、家族として固まって支え合っている、というより、自立した父親と、自立した2人の子どもがひとつ屋根の下で生活している、という家庭。否応《いやおう》なく「精神的に自立するしかない」という感じでした。

父はカメラマンで写真館を経営していましたが、どうひいき目に見ても、流行っているとはいえない状況でした。時どき店に記念写真を撮りに来る人がいて、あとは地域の学校行事があると撮影に行く程度。

父が口に出すことはなかったけれど、中学生だったから、なんとなく家の経済状況もわかってしまい、「何とかしなくちゃ将来がヤバイ。経済的に自立しないと生きていけない」と思うようになりました。

当時、親が離婚している同級生は周囲にいなくて、みんなにとって当たり前のものが、僕だけない、という感覚でした。たとえば、手作りの弁当。父に弁当を作る余裕がなかったから、みんなが弁当を食べている時、僕は買ったパンをかじっていました。で最初の頃こそ「手作りの弁当、食べてみたいな」とうらやむことがありました。

もすぐに、「食べものは、おなかを満たすもの。おなかいっぱいになれば、弁当じゃなくてもいい。パンでも生きていけるんだ」と考えが変わりました。

そこから僕は、次の仮説を見つけました。

「周りと同じこと」に意味はないんじゃないか？

これはその後に仮説から確信へと変わり、僕は「群れること」から自立しました。家庭環境で無理矢理「自立」を強いられた感は否《いな》めないし、つらい時期ももちろんありました。でも、結果的にはこの環境が僕にはすごくよかった。

中学時代に「精神的自立」や「群れからの自立」を経験し、「将来は経済的自立が必至」と思えたことは、僕の人生に「ひとりでも平気」という、最強の軸を作ってくれたからです。以来、僕の人生は人に左右されることはなくなりました。

Point

「ひとりでも平気」という軸があると、人に人生を左右されない。

02

仲間のいる場所から消えると結果が出る。

「実行力をつけたい」「なかなか結果が出ない」

成功を目指す多くの人から聞く悩みです。僕が実践した解決方法は、シンプルです。**今いる場所から消えてみること、つまり、つきあっている仲間の前から消えて、「ひとりきり」になることです。すると、運命が大きく変わりだします。**


それは大学受験の時のことでした。

僕は三重県四日市市の高校に通っていました。公立でしたが、偏差値43、倍率0・97という、いわば誰でも入れる学校。男子のヤンキー率90％といわれた学校でした。

僕はこの学校でブラスバンドに所属して、トロンボーンを吹き、プロのミュージシャンを目指すほど夢中になりました。

授業そっちのけで、寝ても覚めてもトロンボーン漬けの日々でした。

たまに授業に出ると、音大受験のための楽典を勉強していました。ところが、いざ受験となった時に、自分ではどうにもできない壁にぶつかりました。家にお金がなかったのです。音大の入学金や学費は高額です。そのお金が払えないことがわかった。父は、「堪忍な」と言いました。

将来の目標を見失った僕は、一瞬絶望の淵に立たされましたが、いつまでもこだわっていたら前に進めません。ミュージシャンに限らず、将来成功してお金持ちになるのが夢だったので、いろいろな本を読み、とりあえず「大学に行こう」と決めました。

大学受験を決めたものの、またしても壁にぶつかりました。

僕は勉強ができなかったのです。小中高と、学校の授業は聞いていなかったし、そもそも頭がよくなかった。高3の夏に受けた全国模試の偏差値は35でした。

一生懸命に勉強をしましたが、成績は上がりませんでした。当然です。アルファベットは最後まで言えなかったし、化学の授業で「H^2O」と聞き、「知ってる知ってる、歌手でしょう」と思うほどのおバカぶりだったのですから。

現役の時の大学受験は次々と落ちまくり、唯一受かったのは、試験を受けて入学金さえ払えば誰でも入れる大学でした。

誰でも受かるような大学にこのまま入って、成功者になれるのか？

なれる人はなれるでしょうけれど、僕にはその自信がなく、結局、浪人して予備校に通い、早稲田や慶應のような、誰もが聞いたことのある〝いい大学〟に行こうと決めました。そして、もうひとつ決めたことがあります。

自分を取り巻く環境からできる限り「消えてしまう」ことです。

高校卒業後に少しだけつきあった彼女の前から消え、友人の前から消え、地元からも消えました。交流を断ち、できるだけ予備校のあった名古屋で過ごし、夜寝る時だけ地元の三重に帰ってくることにしたのです。

偏差値35から早慶に受かるには、生半可な気持ちじゃ無理。**ずっと同じ人たちとつきあい、同じ環境に安住していたら、今の境遇を超えていくことはできない。高い目標に突き進むのだから、つきあう人や環境を全部変えよう、**と思いました。

結局、早稲田や慶應には届かなかったものの、立命館大学に受かりました。2年かかりましたが、目標は達成できました。僕は以来、人生の節目で「消える」ことを繰り返し、そのたびに大きく成長し、ほしいものを手中に収めてきました。

今より上の境地を目指すなら、一度、周囲から消えてみることをおすすめします。

Point

結果を出したいなら、つきあう仲間を変えてみよう。

03

ひとりでがんばるから、ひとり勝ちができる。

みんなが遊んでいる時に、ひとりだけがんばる。

当たり前のことですが、そうすれば、みんなと差ができ、結果が出ます。

大学4年間、あるいは、周囲がのんびりと仕事をしている時というのは、人生で「みんなとの差をつける」絶好のチャンスです。

誰でも知っている寓話「ウサギとカメ」のように、相手がのんきに居眠り（＝楽）をしている間に、必死になって、勉強したり、何かを成し遂げようと努力をすれば、間違いなく勝てる。みんなが遊んでいる間に、ひとりコツコツと努力をしていると、確実にひとり勝ちできるのです。これは本当です。

僕は学生時代、ただ一度だけ行った合コンでそれを確信しました。

大学に合格した途端、資格試験のため再び勉強に打ち込んでいた僕ですが、その時は、たまたま前日にあった資格試験模試の結果がよかったこともあり、気分が高揚していました。そんな時に、クラスメイトに誘われたのです。

「他大の女子大生と3対3で、『どんぐり』っていう居酒屋で合コンやるけど来ない？」

普段だったら速攻で断る場面ですが、「女子大生」というワードには惹《ひ》かれたし、「どんぐり」は、関西風のお好み焼きで有名な居酒屋だと聞いて、さらに心が動きました。せっかく関西に来たのに、僕は勉強ばかりしていて、本格的なお好み焼きを一度も口にしたことがなかったからです。思わずこう返事をしてしまいました。

「行くよ」

行ってみると、想像以上の楽しさでした。なぜかというと、自分とはまるで違うライフスタイルの、〝普通の大学生〟の生活を垣間見られたからです。

「金川くんは普段何を飲むの？」

「ウーロン茶と麦茶」

「そうじゃなくて、アルコールは？」

「アルコールは機会がないから飲んでない。京都に来て、今日はじめて飲んだ」

「へぇー、そうなんだ。私はカルーアミルクが好きなの。毎日、飲んでるよ」

カルーアミルクって何？　そんなお酒があるんだ。聞こえのいい「カルーアミルク」という響きが、僕にはとても新鮮でした。お金を何に使っているかという話題では、

「この間、水着とネックレス買ったの。金川くんは最近、何か買った？」

「ノートとマーカー」

「何に使うの？」

「公認会計士になる勉強のため。マーカーは消耗が激しくて3日でなくなるんだ」

話す内容は180度違いました。僕は、僕以外のメンバーを別次元で生きる宇宙人のように感じたし、向こうも僕を同じ大学生とは思えなかったでしょう。

宴もたけなわという感じでしたが、僕はおなかが満たされたところで「勉強があるから」とひとり店を出ました。そして、帰り道に思いました。

「大学生って、なんてのんきなんだろう！」

そして、確信しました。**自分は2浪だから、みんなより遅れを取っているかもしれないけれど、このまま4年勉強を続ければ、絶対に遅れを取り戻せる。ちゃんと試験に受かれば、むしろ追い越せるだろう。**よし、今のまま、ひとりでがんばるぞ！

大学生だけでなく、社会人も、周りがのんきな雰囲気で働いている時は、周囲と差をつける絶好のチャンスなのです。

Point

周りが遊んでいる時、コツコツひとりでがんばれば、差をつけられる。

04

凡人と一緒にいたら、凡人にしかなれない。

「自分の周りの親しい3人の年収を3で割った金額が、自分の適正な年収」とはよくいわれることです。会社で仲のいい同僚が3人いたとしたら、あなたの年収は、おそらくその3人の年収を3で割った金額と近いはずです。

お金のない人は、お金のない人と交わり、お金持ちはお金持ちと交わる——。

「類は友を呼ぶ」といいますが、同じような価値観の人、金銭感覚の人が、仲間になりやすい。いつも凡人と一緒にいたら、凡人になってしまうのです。

もちろん、凡人が悪いわけではありません。平凡な暮らしの中に幸せを見いだす人もたくさんいますから、それはそれで「あり」なのです。その人がよいと思えば、それが圧倒的な正解です。

だけど、僕自身は、「平凡な人生は自分の目指すものと違う」と思っていました。

今までにない「人と違うこと」をやって、いつか成功して、お金持ちになりたいと考えていました。だから、**あえて平凡な雰囲気の人の群れ、もっといえば、世の中のスタンダードといわれる価値観には近づかない**ようにしていました。

スタンダードは、圧倒的な数で近づいてきます。

「みんなと一緒だと安心でしょう?」

「みんなと一緒だから正しいでしょう?」

と数の論理で攻めてくるのです。うかうかすると、負けて引き込まれてしまいます。

それは2浪後、晴れて大学生になり、入学式へ行った時のことです。

その日は、クラスごとに分かれてオリエンテーションも行われました。クラスのみんなは、「受験が終わって解放感120%!」「大学で何する?」「4年間のんびり遊ぶでしょ」と、これからはじまる学生生活に胸を躍らせ、すっかり浮かれていました。

一方の僕は、みんなより2年遅れているから、「何とか挽回しなきゃ、こりゃ就職も無理でしょ」と焦りまくっていました。

でも、みんなを見ていると、なんとなく「あっ、僕も2年間浪人生活を送って大学生になったんだから、4年間くらい遊んでもいいのかも」という気持ちになりそうでした。一瞬、心がぶれたのです。

目の前には「4年間、公認会計士試験の勉強をする」という選択肢と「4年間、遊び尽くす」という真逆の選択肢が提示されていました。決めるのは僕自身。

そこで、僕が選んだのは、前者、つまり「勉強をする」ほうでした。

それは、冷静になってみた時、クラスの雰囲気に違和感があったからです。

「ここは違うな」と。同時に、

「ここにいたらマジうつる。仲良くなったらマジやばい」

と危機感も覚えました。

浮かれた雰囲気が感染し、自分の考え方を無理に変えられてしまう気がしたのです。

以来、僕は、積極的に大学で仲の良い友だちを作るのをやめました。

誰かと仲間になる時、あるいは、その場所が自分にとって正しい居場所かどうかを決める時は、違和感がないか、価値観のギャップを感じないか、直感レベルで自分に問いかけることが大切だと思います。

違和感がある場所にあえて身をおくことが成長のもとと考える人もいるかもしれません。でも、僕自身は、そこから離れる選択をし続けることで、成長し続けてこられたんだと思っています。

Point

選択に迷ったら、自分の心に「違和感があるかどうか」を問いかける。

05

「遊び」「スマホ」「居酒屋」「異性」「テレビ」は成功を阻む5大リスク。

何か大きな目標を達成したいなら、成功するまで遠ざけておきたいものがあります。「遊び」「スマホ」「居酒屋」「異性」「テレビ」の5つです。

大学受験を志した高校時代から、浪人時代、そして公認会計士試験に受かるまで、この5つから距離を置くようにしていました。ハマると時間も気持ちもすべて持っていかれると思ったからです。完全にシャットアウトは難しいかもしれません。だとすれば、意識してつきあうようにする。それだけでもずいぶん違います。

まず「遊び」。**僕は成功者といわれる人の本を読んだり、実際に会いに行ったりしたこともありますが、いまだかつて「遊んでいて何かを成し遂げた」という人の話は聞いたことがありません。** いたとしても、それは天才といわれるごく一部の人でしょう。少なくとも、僕自身は、天才ではないから、大学受験や公認会計士試験受験の時には遊ぶのをやめました。

次に「スマホ」。かなり時間を取られます。ちょっとだけSNSを見るつもりが、気づくと20分、30分経っていたという人も少なくないでしょう。今は仕事で使うため電源を入れていますが、大学時代はほぼ切っていました。

3つ目。友人に誘われてちょっと「居酒屋」という場面も少なくないと思います。だけど居酒屋も、ちょっと1時間のつもりが2時間3時間と経ってしまいますし、飲みはじめると、どうしても長くなってしまいがちです。

僕は誘われても行かないようにしていましたし、それ以前に周囲に「誘わないで」オーラも出していましたので、そうそう誘われることはありませんでした。

4つ目の「異性」。若い時はつきあいたい気持ちもあるだろうし、人生的にも、ちゃんと恋愛体験をしたほうがいいとは思います。だけど、**「彼女と週3回会っていて公認会計士試験に受かるほど、この試験は甘くない」**と思っていました。だから、大学時代はつきあっている人はいましたが、のめり込まないように気をつけていました。

どう気をつけるか。重要なのは相手選びです。ちゃんと理解のある人かどうか。毎日、遊びたい、一緒に海にも行きたい、という人だと、自分には無理だと思いました。会う回数も、週1回とか、勉強の妨げにならないように決めていました。

当時つきあっていた人は、僕を理解し、目標が達成できるよう応援してくれていたので、ありがたかったです。ただ一方で、相手と会う時間が少なくなるので、悪いなとも感じていました。異性とのつきあいについては、さらに詳しく後述します。

5つ目が「テレビ」です。僕はインドア派で、海で遊ぶよりお笑い番組を見ていたいほど、テレビ好きです。**家に帰るとテレビの誘惑に勝てないと思っていました。だから、大学受験中も、公認会計士の試験を目指している時も、できるだけ家にいないようにしました。**

朝6時に家を出て、自習室や大学で勉強をして、夜の12時に帰って寝るだけ。そういう生活を浪人時代含めて、まる5年続けました。

僕はたまたまテレビが好きでしたが、人によってはのめり込むものが違います。マンガが好きという人もいるし、ゲームがやめられないという人もいるでしょう。

自分で、好きなものとのつきあい方を変えるようにしました。

結局、目標達成には、さまざまな誘惑に負けないことが大切です。誘惑に負けない環境は自分で作っていくしかありません。今すぐに、自分を目標達成から遠ざけているものをピックアップし、つきあい方を考えましょう。

Point

目標達成を阻んでいるものをリスト化してつきあい方を変えていこう。

06

群れから出て「使える時間」を倍増させる。

前の項でお伝えした5大リスクが、なぜ、成功を阻むのか。その理由を端的にいえば、時間を取られるからです。

資格試験に合格するなど、何か目標を達成するために必ず必要なもの、それは「時間」です。目標が大きくなればなるほど、勉強したり、準備したり、ひとりで考えたりする時間が不可欠になるのです。

5大リスクのうち、テレビ以外は、仲間や友だちとの関係を絶つことで、基本的には回避できます。仲間と群れることで、時間はどんどんなくなっていきます。

一緒に遊びに行く、意味のない話をする、だらだらと飲みに行く……。

そういう時間を何よりも大事にしたいのなら話は別ですが、得たいものを得るためには、距離をおく必要があります。

友だちと群れることをやめることで、かなりの時間を作ることができるでしょう。

群れることに使っていた時間は、すべて自分のために使うようにします。

まず、最初のステップとして、自分と向き合います。

自分は何がしたいのか、
何のために、どうやって生きていきたいのか。
そこを、できるだけ具体的に考えることに時間を使うと、人生がうまくいきます。

それができたら2つ目のステップ。目標達成のために、その目標を達成している成功者の本を読んだり、実際に成功者に会いに行ったりします。

何かをリサーチする時に、統計学上、300~400のサンプルがあると誤差が少なくなるといわれます。だから僕は、公認会計士試験の勉強をしている時は、成功者の300のサンプルを集めました。

スクールの先生や、成績のいい人、監査法人のセミナーで知り合った人などに直接聞いたり、インターネット上や本の合格体験記を読みまくりました。


そして、3つ目のステップで、リサーチしたことをもとに行動に移していくのです。

僕の場合だったら、公認会計士の試験のための勉強に取り組むことです。

自分の人生を向上させるためには、なれ合いをしている時間はまったくないのです。

「ひとりでいる時間は、さびしくない？」と聞かれたことがありますが、逆です。ひとりで勉強していた時ほど、僕は安心できました。

だって、みんなが遊んでいる時に、自分ひとり、目標達成に向けて歩みを進められるのです。このままひとりで走り続けていればゴールできるのだと思うと、安心できました。

僕はもともと群れるほうではなかったのですが、群れていた人でも、「ひとり」をやっているうちに慣れると思います。

成功者は孤独だといいます。確かにそうでしょう。でも、自分の「孤独」な状態に「さびしさ」を感じている人は少ないと思います。**やりたいことを夢中でやっているのですから、さびしさなど感じている時間はありません。**

さぁ、今いる群れから距離をおく準備はできたでしょうか。

Point

ひとりの時間に自分を見つめ、成功法をリサーチして行動を起こす。

07

ひとりでいると、自分の価値観に正直に生きられる。

ひとりでいると、自分の価値観に正直に生きることができます。

逆に、群れて、集合体の中で生きていると、人の価値観に左右されて、軸がぶれてしまうことがあります。

ひとりでいるからこそ、自由でいられ、目標も自分で作ることができます。

自分で作った目標だからこそ、自分で達成しようという強い意欲を持てるのです。

大学に入った時に、クラスメイトと仲良くするのをやめた、と書きました。なぜ、やめたか。クラスメイトと仲良しになると、彼らの考える常識が僕の常識になってしまう恐れがあったからです。

「大学生は、遊ぶのが常識」

「大学生は、サークルに入って仲間と朝まで飲み歩くのが常識」

「大学生は、夏はみんな揃って海で騒ぐのが常識」

群れの中にいると、こうした群れの常識に染まってしまい、うっかりすると、自分が非常識であるかのように思えてきます。気を許すと、群れに引き込まれます。

でも、群れから離れていると、周りに合わせる人がいない。ひとりだから、自分の考えを〝常識〟にできるのです。

「大学では、友だちを作らないのが常識」

「大学では、資格試験の勉強をするのが常識」

こんなふうに、周りのルールではなく完全に自分のルール、自分の常識で動くことができるので、気持ちも楽です。


いわゆる「リア充」といわれるような仲間の多い人は、平均値的な人が多いと感じます。成功しているイメージがありません。

仲間が多いということは、共感される、ということです。

たとえば、僕は32歳ですが、地元の同級生で多いのは、結婚して子どもが2人いて、お小遣いは月に1万円という人。

彼らはみんな、お互いに共感し合って生きています。とても素晴らしいことです。

ただ、僕は違った。共感し合う、平均的な場所にいたくなかったのです。

むしろ、「唯一無二の存在になりたい」という願望が強かった。

だから、周囲から反対されることばかりに挑戦してきました。

そして、結果を出してきました。

たとえば、高校は400人同級生がいましたが、浪人したのは、僕ひとり。「2浪した人」にいたっては、開校以来、僕ひとり。

大学では、在籍した産業社会学部で公認会計士試験に受かったのは、僕ひとり。大学は、本来であれば経済学部、経営学部に進んだほうがその試験に合格しやすいのです。実際、経済学部には公認会計士試験の合格者もいました。公認会計士の試験で必要な簿記の授業もありますから、公認会計士試験の勉強をしていることで単位も取りやすいのです。でも、転部は考えなかった。

なぜなら、「唯一無二の存在」を目指したほうが楽しいからです。周りの人と同じ価値観の中で生きていたら、周りに同化してしまい、唯一無二の存在は目指せません。

別に人と同じ価値観を持たなくてもいい。周囲と合わなくても、ひとりでいれば、自分の価値観の中で生きられる。そのほうが、人生はかなり楽しめます。

Point

自分の価値観で生きたほうが人生は楽しめる。

08

人生100年、ひとりぼっちの時間が5年くらいあってもいい。

本書は「ひとり戦略」についての本ですが、何も「一生、ひとりでがんばれ！」と言っているわけではありません。

ある時期、特に将来の可能性に満ちた20代、30代の一定期間はひとりで過ごし、自分の内面を見つめて、自分が何をしたいかを見つけて、それに全力を傾ける。

それによって得られるものは、計り知れないと考えています。

僕の母方の祖父は地元で漁師をする傍《かたわ》ら、不動産投資や株式運用をして、かなり成功を収めていました。お金持ちで、僕が小学生の頃、１００万円ものお年玉をもらったことがあります。この祖父を見ていて、「お金持ちになりたい」と思い、多くの影響を受けてきました。すでに亡くなっていますが、とても尊敬しています。

この祖父が僕に言った言葉で名言だなと思ったものがいくつかあります。

名付けて、「じっちゃんの名言」。そのひとつが、

「人生、5%は修業でいい」

です。

「人生は意外と長い。100歳まで生きるとしたら、5年くらいは修業時代があってもいいと思う」

と話してくれたんです。なるほど、そういう見方があるのか、と思いました。

浪人中や公認会計士の試験勉強をしている時は、「今、俺はひとりで修業中だから、友だちとチャラチャラ遊んでいる場合じゃない！」と自分に言い聞かせていたこともあります。


今、目の前だけを見て周囲と比較してしまうと、孤独感におそわれるかもしれません。ですが、自分の人生を俯瞰してみると、「まっ、5年くらいは友だちいなくてもいいか！」と思えるのではないでしょうか。

その間に、資格を取得して自分の人生の確固たる基礎を築いたり、何か目標を達成する。僕の経験からいえば、それはかなり濃密で有意義な時間でした。

今思えば大変でしたが、修業時代によって僕の人生の土台が作られたのです。

もうひとつ、僕が気に入っている「じっちゃんの名言」を紹介します。

「若いうちは10年、どん底があってもいい」

最初の名言と似ていますが、長い人生の中で、どん底の期間があったとしても、最後に、

「ダメな時期もあったけど、結果、よかったじゃん」

と思えればいい。失敗しても、くよくよしないで人生をトータルで見ろ、というわけです。**人生で、もし10年辛い時期があったとしても、残り90年が楽しかったら、それでいいじゃないか**、と。

失敗しても、孤独で辛い時期があったとしても、人生の通過点に過ぎないと思えれば、乗り越えられるのではないでしょうか。

Point

人生はトータルで考えると、目の前の辛さに耐えられる。

09

成功した先には成功した仲間が待っている。

本章では、ストイックに「ひとり」で努力して、目標達成するすすめを書きました。

それでは、一生この「ひとり」状態は続くのでしょうか？　いいえ、違います。

ある程度の時間をかけて次のレベルまで進んだり、成功をつかむと、同じような「ひとり」の成功者たちの間で、交流がはじまるのです。

お互いに「ひとり」の素晴らしさを知っている人たちですから、なれ合いの関係などを求める人はいません。それぞれの「ひとり」を尊重し合う関係です。

海に浮かぶ氷山はその一角にすぎず、その下にはとてつもなく大きな氷山があるそうです。海の底から、ひとり一生懸命にその氷山を這《は》い上がって、海面から顔を出すと、そこには、同じく上を目指していた人たちがいた、そんなイメージです。

海面まで上がってきた人たちは、たくましくてパワフルですから、一緒に仕事をすると、相乗効果でさらに早く上を目指せます。成功への近道といえます。

僕は10代の終わりから20代後半まで、たったひとりでもがき続けてきました。ですが今は、価値観の似ている、いいビジネスパートナーたちと巡り合って、一緒に仕事をしています。けれど、いつもべたべた一緒にいるわけではありません。

高い志でつながっていると感じます。非常に心地がよいのです。

今振り返ると、過去に自分のいた場所は、いつもなんとなく違和感がありました。だからこそ、抜け出してきたのです。

たとえば、大学。既述したように、2浪の末、やっと入学して、遅れを取り戻そうと必死に公認会計士の試験勉強をスタートさせた僕には、これから大学生活をエンジョイしようとしている同級生たちに違和感を覚えました。

これは、新卒で入社したトーマツも同様でした。

世界4大会計事務所のひとつといわれているデロイト・トウシュ・トーマツグループの初任給は年収600万円。肩書も給料もすばらしい会社です。

しかも、入社15年も経てば、優秀な人なら1500万から2000万円、一般的な会社員からすると、かなりいい待遇でした。

ただ、僕はそこで働いている人たちが、幸せそうには見えませんでした。

トーマツの仕事は激務で、クライアントとの折衝にも神経を使います。当然、毎日の仕事は決して楽しいことばかりではありません。働いている人たちも、中学、高校、大学といい成績を取り、公認会計士の試験も合格し、いい会社に入って満足している一方で、家庭を養うため、現在の安定を守るため、我慢して仕事を続けている人が多かったように思います。

一方、僕はといえば、子どもの頃から勉強が苦手で、偏差値の低い高校を卒業し、猛勉強して公認会計士試験に受かりました。低いところからのし上がってきたため、失うものなどないし、違和感を覚えたのは当然のことだったかもしれません。

ところが、独立してビジネスをはじめると、僕の周りに集まってきたのは、僕のようにのし上がってきた人や、のし上がりたいと考えている人ばかりでした。

違和感はありません。むしろ価値観が似ています。だからパートナーになれる。

けれども僕はいつか、この場所にも違和感を覚えるようになるかもしれません。それは、きっと「次のステージへ向かえ」というサインなのでしょう。

その日が来るまでは、今の場所で、全力を尽くして生きていきたいと思います。

Point

志を同じくする人は、きっと見つかる。

Chapter 1 成功したければ「ひとり」になろう。 まとめ

- 「ひとり」になれば、自分の価値観が研ぎ澄まされる。
- 違和感がある場所や、成功を阻むものから積極的に離れよう。
- 仲間から距離を置いて、コツコツひとりでがんばると結果が出やすい。
- 人生をトータルで考えれば、「今」の辛さに耐えられる。
- 成功すると、自分と同じ方向性の「つるまない仲間」が現れる。

Chapter 2

人間関係で「ひとり」になる。

10

周りから好かれようとするな。むしろ嫌われろ。

大学の合格発表を見てから、僕はすぐに公認会計士の試験を目指しました。試験合格のためのスクールに入学を申し込んだあと、最初にやったことは、1章に書いたようにあらゆる合格体験記を読み倒すことでした。

資格試験の合格を目指すなら、合格体験記を読んで合格者のマネをするのが効率的です。成功したい人が、成功法則の本を読むのと同じです。

公認会計士試験の合格体験記の中には、睡眠時間や勉強時間など、「どうしたら受かるか」がこと細かに書いてあります。

多くの本に書いてあったのは「大学にはあまり行かない」「大学の勉強と公認会計士試験の勉強の両立は無理」ということでした。

要は、大学生活を満喫しながら公認会計士試験に合格するのは難しい、とあちこちに書いてあったのです。ちなみに、公認会計士と並んで三大難関試験ともいわれる、司法試験と国家公務員I種も同様に、大学生活を楽しみながら合格できる試験ではないそうです。

三大難関試験の合格はそんなに甘くないのです。

僕は、どうしても公認会計士試験に合格したかったので、体験記を読んで、「クラスメイトには、好かれるよりも嫌われるほうを選ぼう」と決めました。**わざと嫌われるのではなく、「あいつは、誘うのやめよう」と思われる存在になりたかったのです。**

1秒でも多く、勉強に時間を割きたかったからです。**好かれてしまうと、「ご飯に行こう」とか、「一緒に遊びに行こう」と、何かと誘われてしまう。それを避けたかった。**むしろ、「あいつは、もう（誘わなくて）いいんじゃないの」という存在になれば、試験に合格できるだろうと考えたのです。

そして、それを実行しました。

「話しかけないでオーラ」全開で、大学ではいつも、ひとりで行動していました。どうしても出なければいけない講義があると、教室の隅に座って、カタカタと電卓を打ちながら公認会計士試験の勉強をしていました。

クラスメイトに直接聞いたわけではないですが、僕のことを嫌っている人は実際にいたようです。ある時、英語のクラスで発表する授業がありました。5人1チームで話し合いながら、テーマを決めて、前に出て発表するという授業でした。

そのチームの中にまじめ女子が1人いて、話し合いの時、僕が公認会計士試験の勉強をしていたものだから、「英語は英語。授業が終わってから会計士試験の勉強をするべき」と怒りだしてしまったことがありました。

「本気で受かりたいから、英語の勉強なんかより、電卓を叩きたい」と僕が応じて、バトルのようになりました。

結局、何を言われても、僕の態度が変わらなかったので、そのうちにまじめ女子は、説得するのをあきらめたようでした。

実際にバトルになったのは、その1回だけ。

こちらが応じなければ、相手も放っておいてくれるようになります。

こうして大学でも公認会計士試験の勉強に集中できました。

Point

「あいつは、もういいんじゃないの」という存在に、あえてなってみる。

11

成功するまで、親の意見は完全無視せよ。

何か新しいことに挑戦しようとすると、必ず反対の声は上がってくるものです。特に親の反対は猛烈です。親は一般的に我が子が「みんなと同じ」だと安心しますし、「安定」を望みます。だから、ちょっと突飛な夢を持ったり、人と違う道を選ぶと、ことごとく反対してくるものです。

僕の場合は、まず、高校時代、プロのミュージシャンを目指していましたが、もちろん、親は反対。

「将来、食べていけるの？」

浪人して大学に行きたいと言えば、

「だって、お前は勉強しないでしょ。受かるの？」

会社を辞めると言えば、

「もったいない、せっかくがんばって、いい会社に就職したのに」

と、とにかく反対してきます。

いつも、何もないゼロのところから高みを目指してきたので、反対されていたのかもしれません。音楽の知識ゼロからプロのミュージシャンを目指したり、偏差値35から早慶を狙ったりしたので、「無理でしょう」と。

子どもを思っての言葉だとわかりますから、ありがたいことではあります。

でも、夢は自分が叶えていくもの。人生は親のものではなく、自分のものです。

基本的には、親の反対は無視するに限ります。大きな決断をする時は特にそうです。

親だけではなく、学校の先生、友人も反対してくることがあります。

そういう時に僕が大事にしているのは、次の3つです。

「信じるな」「疑うな」「確かめろ」

すなわち、「周りの意見はそのまま鵜呑みにしない」「自分の考えていることを疑わない」「自分で調べて確かめてみる」ことです。

学生時代、公認会計士の試験を目指していた時に、同級生から「会計士の試験は難しいから、受からなくない？」とか、「しかも、金川くん、2浪しているんだよね。それって無理っぽくない？」などと、結構いろいろ言われました。

でも、その声は果たして正しいのでしょうか？　本当に受かるかどうかは、誰にもわからないものです。

僕は、わからないことは、自分で調べました。

公認会計士試験の合格体験記には「勉強すれば受かる」「大学の授業に出ていると大変だが、公認会計士試験に専念したら受かる」と書いてありました。あるブログに、**「国家資格は、ちゃんと勉強した人は合格するような試験問題になっている。才能のある人しか受からない試験を、わざわざ国家試験にはしない。フェアな世界なのだ」**と書いてありました。そこで、ものすごく納得しました。それで、「やれば受かるから、ちゃんと勉強しよう」と思ったわけです。実際、自分で勉強時間を確保して、遊びを捨てて、やるべきことをちゃんとやっていったから受かったのです。

何か目標を達成したい、成功したいと思うのなら、信じていいのは自分だけです。不安があるなら、自分で調べて確かめてみることです。周りの根拠のない意見に惑わされていては、いつまでも行動に移せませんし、成功も手に入らないでしょう。

Point

目標を達成したいのなら、誰よりも自分自身を信じることが重要。

12

「見ざる」「聞かざる」「言わざる」が成功のもと。

ひとりで目標達成に向かう時の、人づきあいのポイントは次の3つです。

- **見ざる**
- **聞かざる**
- **言わざる**

まず、「見ざる」。大学や組織などの群れの中にいて、ひとりやりたいことがあるのなら、周りがやっていることを気にしている時間はありません。周りが飲みに行こうと、楽しそうにしていようと、関係ありません。周囲をキョロキョロせずに、目の前にある目標達成に集中しましょう。

次の「聞かざる」は、ひとりやると決めた目標があるのなら、周りの意見に耳を貸さないことです。周りはこちらを心配する気持ちからでしょうが、いろいろなことを言ってきます。

僕がトーマツを辞める時、会社の上司や同僚は、引き留めてくれました。

「なんで辞めるの？　優秀な金川くんが辞めたらイタイなぁ」

「世の中、いつどうなるかわからないよね。うちの会社は安定していて不安がないよ」

「起業して、失敗したらどうするの？　大丈夫？」

ひとつひとつ耳を貸していたら、心が揺らぐ可能性もあります。

決意したら、周りが何と言おうと、行動に移す。耳を傾けていいのは、自分の心の声だけです。その時の僕の心はこう言っていました。

「大企業に勤めて安定した収入を得ることが成功じゃない。僕にとっての成功は、自由な時間とお金を得ること。会社を辞めて、次のステップに進もう」


そして最後の「言わざる」は、3つの中で特に大切です。僕の信条は、「不言実行」。基本的には常に、周りに言わずに行動に移してきました。

なぜなら、言えば言うほど反対意見が出てくるからです。

原則として、その人が今所属するグループには、基本的にその人と同じレベルの人が所属しています。今、つきあっている友人はすべて、その人と同じレベルです。

そこから抜け出して、ひとりだけ「次のレベルに行く」と公言してしまえば、その人を引き留めようと、グループの人が必ず反対してくるものなのです。

「そんなの無理じゃない？」「やめておきなよ」。反対されると、どうしても軸がぶれやすくなりますから、言わないで実行してしまうのがいちばんなのです。

グループとは違いますが、既述したように親も反対してきます。だから僕は、会社を辞める時は、辞表を出したあとに、父に告げました。

「辞めちゃったよ」

父は驚いて、三重県から東京に飛んできました。２浪の末、大学に行って、猛勉強して公認会計士試験に受かって、やっと安定した企業に就職したのに、３年で「辞めた」と言ってきたのだから、無理はありません。でも、３時間ほどひざを突き合わせて真剣に話したら、理解してくれて、「がんばれよ」と言ってくれました。

僕は気持ちよく起業の道へと進むことができました。

自分の意志を貫くためにも、「見ざる」「聞かざる」「言わざる」作戦が有効です。

Point

不言実行なら、人から反対されることがない。

13

人脈作りは、時間の無駄。

無理に友だちや仲間を作ったり、人脈作りに奔走するのは、時間の無駄です。

人脈は作るものではなくて、できていくものです。

つまり、自分が成長していけば、自然と人は集まってくるのです。

大学生時代、トーマツ時代、そして起業してからも、「人脈が大事」と言ってくる人はたくさんいました。多くの成功法則の本にもそう書いてあります。

「学生時代にサークルで仲間を作っておこう」「異業種交流会に参加しよう」

でも、僕は全然興味がありません。行ってもあまりいいことはないし、たとえ知り合いが増えてもいいことは起こらない気がします。


毎日、ただボーッとしているだけだったら、行かないより行ったほうがいいかもしれません。やりたいことが何かわからなくて、見つけに行くなら、何か刺激を受けるかもしれません。ひとりでいるさびしさからも、一瞬、逃れられるかもしれません。けれど、僕のように、やりたいことが決まっている人の場合、行く意味はないと思います。そこに時間を使うのなら、自分の勉強や仕事に時間を使ったり、自分自身と向き合っていたほうがいい。

自分の経験からも実感していますが、わざわざ人脈を作りに行かなくても、自分が小さな結果を積み重ねていく間に、自然と、人は集まってくるものです。

仮に、人脈を作りに行ったとして、レベルは3パターンあると思います。

①自分と同じレベルの人
②自分より優秀ではないレベルの人
③自分より優秀なレベルの人

だいたい、仲良くなりたいと思うのは③自分より優秀なレベルの人、ということになる。でも、自分のレベルが追い付いていないと、相手は仲良くなりたいと思わない気がします。

初対面で、魅力的だと思う人と仲良くなりたいなら、自分も魅力ある人になっていないことには、相手にとってメリットがありません。

人脈を作って、相手に引き上げてもらおうという甘い考えはやめて、自分のレベルが上がってから会いに行くほうがいい。

自分が努力もせずに、優秀な人に会いに行って仲良くなろうというのは、結構厳しいと思います。

自分に何かしらの強み、たとえば、ものすごくトークが面白いとか、全国大会レベルのすごい特技を持っているとか、世界中の美味しいレストランをたくさん知っているとか、そうした人を惹きつける何かがあれば、ご縁もできるかもしれません。

まずは自分の能力を上げることに時間をかけろ

会社でも、新入社員が会社の役員クラスと仲良くなれることなんて、まずないですよね。それと同じです。

トーマツで働いていた頃を思い出しても、若くて優秀で、実力を身につけている人ほど、自然と人気者になって人が集まっていました。

一方で、その頃に実力養成の手を抜いて、人脈作りばかりに奔走していた人が、今結果を出していい感じになっているかというと、全然なっていない。

人脈を作ることに時間をかけるよりも、「ひとり」でがんばって、まずは自分の能力

を上げることに時間をかけたほうがいいのです。

結果的に、自分の能力が上がってくると、人が集まってきます。仕事ができる人、面白い人には人が集まってくるものなのです。

人脈作りの場には、情報を集めたり、知らないことを聞きに行こうという人がたくさんいます。でも基本的に、人から聞いたことって、すぐ忘れてしまうんです。もし、行くとしても、自分で本を読んだりして調べた上で行く。つまり、教えてもらいに行くのでなく、わからないことがあれば聞きに行くスタンスです。

「どうしたらいいかわからないんです。教えてください！」と〝くれくれマインド〟で行くことには意味がない。相手が何か言ってくれたとしても、変わるはずがない。

何かを手にしたいのなら、ある程度は、自分でキッチリ調べたり、考えた上でいく。目的もなく、ただボーッと人脈を作りに行くことは、まったく意味がありません。

僕自身、飲み会や交流会が好きじゃないこともあって、起業してからは、それほどそういう場に行っていません。

好調の時には、あまりいろいろな情報を入れすぎると、かえって自分がぶれてしまう可能性があるからです。

ただ、まれに行きます。「どうしたら、この先、もっと上に行けるんだろう」と悩んだりしている時に限って、「今日、食事会あるから来ない？」と、先輩の起業家の方に誘われることがあるのです。

そういう時は、ピンときて、自然と行きたくなるんです。

行ってみると、結果的に、勉強になる話を伺えることがとても多いです。

しょっちゅう交流会に行っていると、時間を取られて、自分の時間がなくなりますから、自分の調子がいい時は無理していく必要はないと思います。

気づきがほしい時は、交流会ではなく勉強会に参加したほうがいいでしょう。

Point

人脈は作るものでなく、自然にできていくもの。

14

ＳＮＳ、インターネットと縁を切るための方法。

前章で、スマホは成功を阻む5大リスクのひとつとお伝えしました。

では、どうつきあっていけばいいのでしょう。

ＬＩＮＥ、Facebook、Instagram……。これらのＳＮＳは、みんながやっているから、ついやりたくなる。その気持ちはわかります。でも、何かを成し遂げようとしているのなら、もう見るのはやめるか、あるいは、厳密に見る時間を決めて、それ以外はスマホやパソコンの電源を落としておくことをおすすめします。

そもそも、つきあう人を厳選しておけば、ＳＮＳをやる機会はぐっと減るのです。

インターネットは旬の情報をすぐに得たり、ちょっと知りたいことを調べるのには優れています。友人と連絡を取りたい場合も簡単にできます。

ですが、長い時間インターネットやＳＮＳと向き合ったとしても、その時間に見合ったものを得られているかというと、そうではない。

「インターネットやＳＮＳに時間を使うより、もっとほかにやることがあるでしょ」

というのが僕のスタンスです。

それに、自分が知りたい情報以外の情報も、知らず知らずのうちに入ってきてしまいます。すると、自分の考えが歪《ゆが》んだり、自信がなくなったりします。

たとえば、僕は、公認会計士試験の合格体験記を信じて、「誰でも、ちゃんと勉強すれば受かる」と思っているのに、あるブログでは、「しょせんは、頭がよくないと受からない試験だ」などと書いてあったりする。そうなると、少なからず、「やっぱり自分には無理なのかな」と思ってしまいます。こうしたネガティブな意見やその発言者が、夢を阻む「ドリームキラー」です。

今は仕事でもスマホを使うので、まるっきり見ないということはありません。それでも意識して使い、スマホに時間を取られないように気をつけています。基本は「できるだけ見ない」こと。それに加えて、次のような自分なりのルールを作っています。

- **LINEの返事、簡単な調べもの、Facebook投稿、電子書籍を読む時だけ開く。**
- **スマホを使う時は、なぜ開くのか、何を調べるのか明確にしておく。**
- **仕事でつながりのない人の記事に「いいね！」やコメントを入れない。**

調べものも「簡単な」ものだけなのか、と思った方がいるかもしれません。

基本的にインターネットは余計な情報が多いものです。

画面には、今すぐに知るべき情報とは関係のない情報も山のように出てきます。すると、ついそっちに引っ張られてしまい、5分だけ見るつもりが、いつのまにか30分、1時間と時間を持っていかれます。また、間違っている情報もあふれています。正しいかどうか、自分で判断できない情報も、そこかしこにあります。

だから、ちゃんと知りたいこと、学びたいことがあれば、正確性が担保されている書籍を買って読むようにしています。

そもそも、スマホがあるせいで、誰かから遊びの誘いが来たり、知らない人とつながってしまうのです。その結果、膨大な時間が無駄に消費されてしまうのです。

「起業する」「試験に受かりたい」「何か特技を身につけたい」という時、スマホをいじっている人はうまくいかないと、断言できます。むしろ相当邪魔されているはず。

スマホとのつきあい方を考え直しましょう。

Point

スマホの使い方をルール化しよう。

15

毎日会いたがる恋人とは、すぐに別れよう。

20代、30代で成功したいなら、ほしい結果を出すまでは、「恋愛禁止」を自分に課するくらいの覚悟が必要です。

孤独を感じると、どうしても異性なり、同性なり、パートナーがほしくなりがちです。けれど、彼や彼女とガッツリとつきあって成功を手にできるほど、世の中は甘くありません。

相手とのデートやＬＩＮＥにどんどん時間や気持ちを取られて、成し遂げたいことがおろそかになるからです。

とはいえ、どうしてもつきあいたいのであれば、つきあってみるのもひとつの方法でしょう。かくいう僕も、既述したように公認会計士試験の合格を目指していた大学時代、３年間くらい同じ人とつきあっていました。だから、本当はあまり偉そうなことは言えません（笑）。

ただし僕は、彼女がいても「ひとり」の状態を守り抜き、公認会計士試験に合格できました。それは、なぜか。僕の人選がよかったからです。**恋愛に限らず、何か成し遂げようとする時には、つきあう相手の人選が非常に大事なのです。**

どういう相手がいいか。ひと言でいえば、「自分を理解してくれる人」です。

あるいは、「ひとり」でいることを尊重してくれる人といってもいいでしょう。

学生時代に通っていた公認会計士試験のスクールのメンバーを見ても、「毎日会いたい」「すぐに会いに来て」という相手とつきあっていた人は、試験に落ちていました。

理解がない相手の場合、向こうのペースに振り回されてしまうのです。

相手の影響を受けすぎて、やりたいことができない。

勉強をしたい時、仕事に全力で取り組みたい時は、ある程度、自分中心でいることを理解してくれる人じゃないと、つきあうのは難しいです。

そうした人を選べない場合、交際は無理です。


「仕事（勉強）と私とどっちが大切なの？」

と聞いてくる女性がいます。こういう女性は要注意です。

そう聞かれても、比べようがないからです。

「A子と私とどっちが大切なの？」だったら答えられるかもしれません。同じ人間のグループです。でも、仕事と彼女は比べようがない。比べるものではないのです。

特に僕は、仕事を大事に考えていますので、選べません。僕だったら、「両方大事」と答えます。

「ほしい結果を手にするまでは恋愛禁止」が基本ですが、あなたの一生を、パートナーなしでがんばれと言っているわけではありません。

ある時期を「ひとり」で精いっぱいがんばって、仕事が落ち着いてきたら、大恋愛なり、結婚なりをすればいいじゃありませんか。

僕もいつかは、仕事から家に帰ったら、夜は子どもと遊んで、土日にはおいしいレストランに家族を連れていく、という生活をしたいと思います。

でも、今はまだその時じゃない。全力で仕事をやっていきたいからです。

今の自分にとって、何が大事なのかを問いかけるといいでしょう。

「今はまだ仕事」と思うなら、時間を取られる恋愛とは距離をおくといいと思います。

Point

成功を目指している時の恋愛は、人選が大事。

16

ひとりレースに勝ちたいなら自己評価を下げる。

人間関係を絶ち、目標に向かいひた走る。これが「ひとり戦略」の大原則です。

ここでいう「ひとりレース」とは、誰もやっていない時にひとりコツコツ努力をすること。既述のように、周りがやっていない時が抜きん出るチャンスなのです。

僕は公認会計士試験の勉強をしている時、朝の6時から夜の12時、時には午前1時まで、ほぼ毎日、休まずにずっと勉強をしていました。

通っていた大学は一学年8千人くらいいましたが、僕はその中でたぶん、いちばん勉強していたという自負があります。8千人中で、いちばんです。

毎日、早朝から起き出して、朝6時から勉強していた大学の同級生がいたか。

僕はいたとは思えません。みんなきっと、夜遅くまでバイトをしたり、飲みに行ったり、恋人とデートをしたりして、朝は弱い。早朝の6時といえば、相当気持ちよく寝ている頃ではないでしょうか。

僕は時どき、そんな同級生たちを想像しながら思いました。

「みんなそのまま遊んでてくれ。俺はひとりレースで、2年の遅れを取り戻す！」

みんなが遊んでいる中でがんばれば、不戦勝ですから、僕のひとり勝ちです。

では、みんなが遊んでいる中、どうして僕は、そんなにがんばれたのか。
今もそうですが、僕は自分を「たいしたことない」と思っているからです。

現役の大学受験に落ちてから、1年間必死に勉強しました。

偏差値は60近くまで上がっていました。

「今年こそ、絶対に行ける！」

そう思って受けた、早稲田、慶應、明治、青山、立教、法政、中央、関西、関西学院、同志社、立命館。すべて落ちました。

2浪の時も、必死で勉強しました。

実はこの時も全部落ちた。立命館も普通に受けた時はダメでした。

後期試験で、すべり込みで、ようやく受かったのです。

大学3年間、本当に猛勉強して「さすがにこれだけやれば受かるでしょう」と思って受けた公認会計士試験も、最初は受からなかった。

一度落ちているんです。2回目でようやく受かった。

いつも、ようやく受かっている。

だから、「もっとやらなきゃ」って常に思えるんです。

僕の根底にある、「自分はたいしたことない」という思いが強いから、ひとりレースをがんばれるんです。よくいえば、謙虚。悪くいうと、自己評価が低いのです。

世間には、自己評価を高く設定し、自己肯定感を上げたほうがうまくいくという考え方もあるようです。

でも僕は、「自分はたいしたことない」と思うとがんばれるタイプです。

それから、「今やらなければ、将来どうなるのか」も想像します。

たとえば、**「本当は自由がほしいのに、今独立しないと、定年まで一生、土日だけを楽しみに生きる人生になってしまう！」**とか。

ひとりレースの最強の応援団長は、自分自身です。

ひとりレース中、自分を鼓舞する方法は、「自己評価を下げる」以外にも、いろいろあると思います。自分に合ったやり方を見つけておくといいでしょう。

Point

自分のことを心から応援できるのは、自分だけ。

17

一生懸命な「ひとり」なら、
一目置かれる。

大学時代の大半を「ひとり」で過ごしたと聞くと、もしかしたらみなさんは「仲間はずれ」や、いわゆる「ぼっち」をイメージするかもしれません。でも、その頃の僕を取り巻く状況は、決して「仲間はずれ」や「ぼっち」ではありませんでした。

僕は大学構内で「話しかけないでオーラ」をまとい、できるだけ存在感を消したいと思っていました。でも、そんな僕の思惑とは裏腹に、ひとりだけ授業を聞かずに公認会計士試験の勉強をしているせいで、目立ってしまう部分もあったようです。

いつも教室の隅でカタカタ電卓の音がするから、無理もありません。

すると、「何やっているの？」と話しかけてくる人もいました。

「公認会計士の勉強。マジで3年までに受かりたいんだ」という話をすると、「すごいね、金川くん。そういえば、いつも勉強しているね。よくそれだけ集中して勉強できるなぁ」と理解してくれる人も数人はいました。

そういう一部の人は、僕が授業に出られない時、試験の範囲を教えてくれたり、全員参加でやるべきことなのに、僕の担当分を手伝ってくれたりしました。

授業を聞いていなかったのに、大学の教授の中にも、僕を認めてくれている先生がいました。教室ではもちろん、いつも大学の図書館で勉強をしていましたから、先生に会うと話しかけられるのです。

「いつも、何の勉強をしているの？」

「公認会計士試験を目指して勉強しています」

「1日、何時間くらい勉強しているの？」

「朝6時から夜の12時までです」

「え、そんなに勉強しているの!?　がんばれよ！」


もうひとつ、面白い話があります。

学生時代に、僕が英語のグループ発表をきちんとやらなかったことで、一度、まじめ女子とバトルになった話を本章の10項でしました。

実は大学を卒業してから数年後に、クラス会で彼女に会いました。僕がトーマツで働いていた時です。彼女は、

「あの時、がんばって勉強していてよかったね」

と言ってくれました。そして、

「自分は大学時代、まんべんなく授業に出て単位を取り、まんべんなくサークルにも出て、まんべんなく遊んでいた。だけど、何かをやり遂げたという感じはない。金川くんがうらやましい」

といったような話をしてくれて、苦笑いしていました。

僕自身は、学生時代、音楽サークルに所属こそしていましたが幽霊部員で、和気あいあいとした雰囲気を味わっていないし、遊んだ思い出はゼロに等しい。

友情をはぐくんだ経験もありませんでした。人との関係においては、得られなかったものは、大きいと思います。

だけど、猛烈に勉強して最難関の試験に合格したという達成感がありました。だから、後悔はない。むしろ、嫌われるという選択をしてよかったと思っています。

大学時代に何かをやり遂げるために嫌われたとしても、長い人生から見れば、決してマイナスではなかったというのが実感です。

Point

高い志とともに目的に向かっている姿は、周囲に感動を与える。

Chapter 2　人間関係で「ひとり」になる。　まとめ

- 「あいつは、もういい」と仲間から忘れられるくらいで、ちょうどいい。
- 目標を達成したいなら、親や周囲の意見よりも、自分の意志を信じよう。
- 「人脈作り」の時間を、自分の「能力磨き」の時間に変えてみよう。
- 目標に向かう努力を阻害する恋愛は、一度やめてみる。
- 高い志で目標に向かっていると、周りが応援してくれる。

Chapter 3

環境・時間で「ひとり」になる。

18

ひとり暮らしが生命力を高める。

自分を大きく変えたいと思ったら、環境を変えるのがいちばんの近道です。なかでも、大きく成長できるのは、家族から独立して「ひとり暮らし」をすることです。

親と同居していれば、「飯食ったか」と心配してくれるし、水道光熱費などライフラインの料金も親が当たり前に支払ってくれます。けれど、ひとり暮らしになると、お金の管理も、食事も、洗濯も、何から何まで自分で考えてやらなければいけません。

そういう意味で、**ひとり暮らしは手っ取り早く「ひとりで生きていく」という感覚を身につけられるし、「生きる」ためにどうすればいいか、考える機会になります。**

僕は大学に合格した20歳の時、三重県の実家を出て、はじめてのひとり暮らしをはじめました。

ひとりでアパートやマンションに住むと、依存できる人が周りにいませんから、「お金がないと何もできない」「このままギリギリで生活しているようじゃ、俺の将来マジにやばい」と危機感を持つようになります。

自然と自立心が養われていくのです。

お金持ちの家なら、たっぷり仕送りをもらって、高級マンションで優雅なひとり暮らしもあるのかもしれません。

僕の場合は、そうじゃなかった。親が何とか資金を工面して、やっと借りてくれた賃貸アパートでした。人によっては、そういう賃貸暮らしも「カツカツで、ギリギリの生活が楽しい」と思うかもしれません。

でも、僕は違いました。

仕送りをもらっていましたが、限られた予算でやりくりをしなくてはならないし、「ギリギリの暮らしはもうたくさんだ」とずっと思いながら4年間を過ごしました。知らず知らずのうちに、ハングリー精神のようなものが培われていったのです。

トーマツに就職した時も、東京でひとり暮らし。今もひとりで暮らしています。実家に帰るのは、年に一度あるかないかくらいです。

年収200万円未満の20代、30代の未婚の若者の約8割は親と同居している、という2014年の調査結果があります。

金銭的にきついのは、わかります。

ただ、そこを踏ん張って、実家を出て、ひとり暮らしをしなければ、いつまでも自立はできません。金銭的にはもちろん、精神的な自立もできないでしょう。

ぬるま湯につかっていては、いつまでも体も心も強くなりません。怖いかもしれませんが、それは最初だけです。一歩踏み出すことで、ひとりで生きる力がどんどんついて、心が強くなっていきます。

18歳を過ぎたら、できるだけ早く親元を離れることをおすすめします。「ひとり」で暮らすことで、はじめて自分自身と向き合い、自分の軸が見えてくるのです。

将来、起業を目指すなら、なおさらひとり暮らしをするべきでしょう。

ひとり暮らしをして、もし、本当に生活が厳しくなったら、また親元に帰ってもいい。そんな気持ちではじめてみるといいでしょう。たとえ少しの間であったとしても、ひとり暮らしがもたらすものは、とても大きいと思います。

Point

短期間でもいいから、ひとり暮らしを経験してみよう。

19

「誰もいない場所」こそ、実力を養う最高の場所。

「知っている人が誰もいない場所」に身をおくことで、自分は大きく変わります。

僕の母は、ある時突然、ひとりで海外に移住しました。

1年ほどで帰ってきたのですが、英語をペラペラに話せるようになっていたし、さっぱりして、まるで違う人に見えました。海外に留学する場合も、仲間の日本人とつるまないで、現地の人と積極的に話すと飛躍的に英語力が伸びるといいます。

環境は人を変えます。特に、誰も知っている人がいない場合、実力を養えます。

新しい環境に入り、その環境の中で数多くの「新しい出会い」を経験することで、人は変われるのでしょう。

僕は、高校から大学、大学から社会人へとステージを移す時、あえて「誰もいない場所」を選んできました。新しい世界、新しい自分に出会うためです。

三重から京都へ、京都から東京へと、知り合いのいない地に居を移しながら、成長できました。ひとり暮らしもそうですが、**頼る人がいないギリギリの環境に自らをおき、退路を断つことで、人は必死になって実力をつけていくのです。**

今の場所にいたら、今と同じ結果しか出ないのです。

誰もいない場所に行くのは、勇気や度胸や根性がいるし、一方で、不安とか恐れもある。期待や夢もあるでしょう。いろいろな感情が入り混じる中、「やっぱり行きたい」という気持ちが勝って、今の場所を去るわけです。

たぶん、絶対成功するという決意と、失敗しても構わないという覚悟ができている。両方備わって、はじめて、誰もいない場所に飛び込めるのです。

この両方が備わっていて、新たな環境に飛び込んだ人は、だいたいのケースがうまくいっている。

これは僕の持論です。

変われない、と悩んでいるのなら、知らない場所にポーンと自分を放り込み、肚《はら》をすえて一からチャレンジしてみることを、おすすめします。

少し話は変わりますが、誰もいない場所で「ひとり」で過ごすというと、さびしいイメージを持つ人もいると思いますが、実は、ホッとする瞬間も少なくないのではないかと思います。

たとえば、出張に行ってホテルに泊まると、狭い部屋であっても、ひとりになって、ホッとすることはないでしょうか。

トーマツ時代は出張が多かったので、クライアントを回って食事をし、ホテルに戻るとホッとしました。じゃがりこをつまみにビールを飲みながら、パソコンをいじっていると、思いのほか集中できて仕事が進みました。

会社の休み時間も、12時から13時までが昼休みでしたが、12時半頃に戻ってきてひとり会社にいると、妙に落ち着いて、考えごとができました。

知り合いのフリーのカメラマンは、仕事が終わると必ず、通りすがりのカフェに寄って、1、2時間、自分の時間を過ごしてから、家族の待つ家に帰ると言っていました。その間は、集中して仕事が整理でき、考えもまとめられるそうです。

知り合いのいない場所では、必然的に自分と向き合う「空白の時間」が多くなるため、結果的に集中できて、成長につながるのではないでしょうか。

Point

新しい生活をはじめる時、「誰もいない場所」を選んでみる。

20

成功したければ、ひとりで東京を目指せ。

生まれてから大学に入るまで、ずっと三重県の四日市の近くで過ごしました。予備校は名古屋へ通い、大学時代は京都に住んでいました。そして就職して、生まれてはじめて東京に住みました。

三重、名古屋、京都、東京、と4つの街を経験してみて感じたのは、やはり成功したいのなら、都会に住むのが近道だということです。

なかでも、やはり東京がダントツ、最適の場所です。

三重県でバリバリ仕事をして成功している人がいるかというと、いるのかもしれませんが、人数的にはそれほどでもないというのが僕の印象です。働いている人のテンションは、どちらかといえばゆったりしています。どんどん新しいことにチャレンジしている雰囲気はありません。

名古屋や京都も都会ではありますが、結構のんびりしています。

バリバリ働いて、新しいことにチャレンジして、どんどん自分を成長させたいのなら、やはり、バリバリ働いて、新しいことにチャレンジしている人がたくさんいるところに住むほうがいい。

極端な話ですが、たとえば、間違いなくバリバリ働いているであろう外資系投資銀行の社員が、同じマンションに住んでいたら、どうでしょうか。

エレベーターで一緒になると、ビシッとスーツを着こなし、早朝からやる気オーラを全開にしている。そういう人を毎日見ていれば精神的にも影響を受けるでしょう。

「おっ、ヤバイな俺。このままで、あの人のステージに上がれるだろうか?」と危機感を感じると思います。

都心でバリバリ働くビジネスマンが固まって住んでいるようなところに住むと、そうした「ヤバイ」の機会もどんどん重なり、自分への影響は計り知れません。

たとえば今、僕は六本木に住んでいます。以前は別の場所に住んでいて、次は白金か、代官山かと悩んでいました。すると、先輩がアドバイスしてくれたのです。

「代官山のほうが落ち着いているし、のんびりできるからいいね。でも、本気で仕事の実力を伸ばしたいなら六本木だよ!」

それで、六本木に決めたのですが、これは正解でした。

街を歩く人たちも、街そのものも、ギラギラし、やる気に満ちあふれています。

かつて起業家の聖地といわれた六本木ヒルズがこの地にあるのも納得です。

六本木は、何か新しいことにチャレンジしたくなる場所です。

僕は、そういう雰囲気の中にいると、がぜんやる気が出るタイプなのです。

これから先、海外に行くこともあるかもしれませんし、結婚でもしたら、代官山あたりに暮らすかもしれません。

自分がやりたいことを成し遂げるのにふさわしい地というのは、絶対にあると思います。自分が気になる場所があれば、まず実際に行ってみて、その場の雰囲気を感じてみることをおすすめします。

環境は人を変えます。どこでやるかを、よくよく考え、自分にぴったりの場所を見つけられたら、成功へのスピードは、間違いなく加速するでしょう。

Point

ピン！ときた、一目惚《ぼ》れの場所に住んでみよう。

21

タワーマンションに住むと「一流」との差を日々実感できる。

お金持ちになりたければ、毎日、お金持ちに実際に出会える環境を手に入れることが有効です。

「思考は現実化する」といいます。想像できないことは思考できません。想像するのにいちばんいいのは、実際に出会い、その目で見ることなのです。

海に行ったことがない人は、実際の「海」を想像するのはかなり難しいでしょう。でも、一度見てしまえば、「海」と言われてすぐ、波の音、磯の香り、抜けるような青い色など、感覚的なレベルでそのイメージを脳裏に再現することが可能です。

お金持ちも、実際に見たり会ったりすることで、すぐに「これがお金持ちか」とイメージを再現できます。朝の数分、エレベーターで一緒になるだけでも、そのファッション、筋トレで鍛えた体の厚み、そこはかとなく漂う香水から、感覚的に「お金持ちとはこういうもの」と理解できるのです。

また、自分とその人を重ね合わせれば、自分が実際にお金持ちになった時の姿や立ち居振る舞いも想像しやすいでしょう。

僕はお金持ちになりたかったので、できるだけ毎日お金持ちを見られる環境に自分をおくようにしていました。

つまり、お金持ちが住んでいるマンションに住んだのです。

僕は社会人になってから、衣食住のうち、「住」にいちばんお金をかけていました。

当時、自分の周りの人で無理して高いところに住んでいる人はいなかった。僕くらいでした。でも、周囲の空気を読んで、給料に見合ったところに住む、という選択は僕にはありませんでした。

トーマツにいた頃、残業が多い時は、毎月手取りで35万円くらい。少ない時で、25万~26万円でした。その頃に、僕は都会のど真ん中で、家賃が月11万円のタワーマンションに住んでいました。

一般的に住居費は、給料の3分の1が妥当といいますから、当時の僕はそれなりに無理していたことになります。

ただ、東京なら普通に住んでも、家賃7万~9万円くらいはかかる。2万~4万円の違いなら、無理してタワーマンションに住もうと思いました。

理由は、タワーマンションは、上階に行くほど家賃が高く、低層階ほど安くなり、結構、家賃に差があるのです。

お金がなくても、お金持ちがいるところに住める。やる気が奮い立ち、意識も変わるだろうと思ったからです。

僕が住んでいた部屋は14階で11万円でしたが、33階建てのマンションで最上階は70万円くらい。60万、50万円の部屋もありました。

当時の僕からすれば、家賃50万円、60万円を払える人は、相当お金持ちです。普通のマンションに住んでいたら、家賃の差はそれほどありませんが、タワーマンションはその差が激しい。それがいいのです。

自分より、ぐっと上のお金持ちと毎日のように顔を合わせられるのです。

お金持ちが住むマンションだから、設備は結構充実していました。ジムやサウナ、大浴場がついていましたし、セキュリティもしっかりしていて、エントランスなども指紋認証で開く扉でした。

「違い」を感じ、モチベーションの貯金をする

僕は家賃11万円で無理をしていましたが、お金持ちと会えるだけでなく、セルフイ

メージも自然と上がるなど、もとは取れている気がしました。

豪華に見えるマンションだったため、朝、出ていくと、通りかかったサラリーマンがちらっと僕を見る。

「若者が、こんな豪華なタワーマンションに住んでいるのか」という感じです。ちょっと誇らしい半面、「がんばらなきゃな」とも思ったものです。

自分のレベルや、やる気を上げたい時、僕はすぐに引っ越しをします。

起業する時は、48階建ての22階に住みました。家賃は20万円くらい。平均の手取りが30万円で、副業で10万円から20万円稼げているかどうかの時でしたから、結構無理をしていました。

そこのマンションの最上階は家賃130万円くらいで、前に住んでいたところよりも、さらにお金持ちの人が住んでいました。家賃20万円と130万円では7倍近くも違いますが、収入はおそらく7倍以上違うでしょう。圧倒的な格差を感じました。

自分より若い人が自分よりも上の階に住んでいたりすると「うわー、くそぉ～」と思いました。それを毎日見る。つまり、悔しがりな毎日を送ることになるわけです。

するとと、毎日「がんばろう」と思えるんです。モチベーションの貯金ができるのです。実際、そこに住むことでさらに自分のモチベーションも上がりました。

それから、そういう人と毎日顔を合わせていると、「自分とどこが違うのだろう」という目で見はじめます。そして1年が経つと、今度は、「あれ、意外と自分とあまり変わりはないいんじゃないかな」と錯覚を起こしはじめます。

この、「ハイレベルの錯覚」を起こすことが意外と大事なんです。

「自分もお金持ちになれそう」と根拠のない自信がわいてくるからです。

タワーマンションに住んだことで、かなりセルフイメージも上がったと思います。景色もよかったので、気持ちよく仕事ができたのも収穫です。

お金持ちになりたかったら、お金持ちの住んでいるところに無理やりにでも入り込んでいくことをおすすめします。

Point

「衣食住」の中で、「住」にお金をかけてセルフイメージを上げよう。

22

何に、時間を使いたいのか。

僕は20代の頃、人生には、次の４つの「やること」があると考えていました。

①最低限やるべきこと（絶対にやらなければならないこと）
（例）ご飯を食べる。歯を磨く。風呂に入る。服を着る。仕事をする。通勤する。

②本当にやりたいこと
（例）目標を達成する。理想とする自分になる。

③人生を楽しむこと
（例）友人と遊ぶ。旅行に行く。

④無意味なこと（やらなくてもいいこと）
（例）ぼーっとスマホを眺める。ネットサーフィン。ウインドーショッピング。

そして、③と④はやめる、と決めました。
「もう楽しまない。意味のないことはやらない」と心に誓ったわけです。今はその時じゃない、と。

理想は、楽しみながら目標を達成することです。もちろんそれができれば、人生は最高です。

でも、そんなに素晴らしいことができるのは、才能や能力が相当に高い人、いわば天才肌の人。僕は自分の能力を考えて、楽しみながら起業したり、楽して試験に受かることはとても無理だと思っていました。

楽しむのは、もっとあとでいい。たとえば、50歳くらいでいいのではないかと。若く体力のあるうちは、ガッツリとやりたいことに時間を使って、やりきったあとで遊ぼうと思ったのです。

今は少しその頃と変わって、「目標達成＝楽しい」にシフトしてきました。②と③が同じような感じになってきたのです。

一般的な人が「本当に楽しい」と思うこと。たとえば、友だちと楽しいひと時を過ごす、海外でのんびり過ごす、のも楽しいと思います。

でも、今はやろうとは思いません。やろうと思えばできるかもしれませんが、もっと②、つまり「やりたいこと」のほうに集中して、楽しんでいたいのです。

人生をのんびりと謳歌するのはまだ先でいいと思っています。

もし、取り立てて才能もない普通の人が、成功したいとか、目標達成したいと思うのなら、目先の短期的な快楽に目を向けるのではなく、未来の長期的な快楽に目を向けたほうがいいでしょう。

楽しみながら成功するのは、相当難しい。

今という時間をどう過ごすのか、もっと考えるべきです。

冷静に考えると、今友だちとつるんで遊ぶほうがいいのか、あえて、ひとりを選んで目標達成に向けて努力するほうがいいのかが、わかるのではないでしょうか。

Point

意味のない時間は過ごさないと決め、やるべきことに集中しよう。

23

酒場やレストランは「時間泥棒」と心得よ。

仲間や同僚、先輩とのつきあいで、いちばん時間を取られるのが、酒場とレストランではないでしょうか。

それらは圧倒的に多くの時間を奪っていきます。いわば、時間泥棒です。

夜7時に居酒屋に入って終電まで飲む、という経験をした人は結構いるでしょう。フレンチやイタリアン、あるいは和食のレストランなどでは、コースを頼んだりすると、あっという間に2時間くらいが過ぎていきます。

ある程度成功したあとや、大切な友人との時間を大切にしたいのなら、ゆったり飲みに行ったり、食事をするのもいいでしょう。

けれど、**あなたが本気で何かを成し遂げたい場合、こうした「なれ合いの時間」は、何よりも避けるべきものです。**


学生時代、ごくまれに、スクールの友人と食事に行くことがありました。その場合、居酒屋ではなく、定食チェーンやラーメンの店に行くと決めていました。そういうお店で3時間はありえません。さっと食べて出られます。

トーマツ時代、副業をはじめる前の時期は、同僚や先輩に誘われ、たまに飲みに行くこともありました。

先輩たちは、いつもこうして誘ってきます。

「金川くん、飲みに行こうぜ」と。

僕は、だいたい次のように断っていました。

「ちょっと習い事があるので、今日はすみません」

そうすると、角が立たず、先輩もいやな顔をしませんでした。

実際、起業のセミナーにも行っていたので、あながちうそではありませんでした。


でも、さすがに毎回は断れません。そんな時は、

「今日はちょっと体調が悪いので、ビールは飲めないです」

と注文をつけました。すると、だいたい落ち着くのが、

「じゃあ、ラーメン食べにいくか」

この場合は、2時間かかることはありません。

次から次へとお客さんをさばいて、1つの椅子に何回も入れ替わりでお客さんに座ってもらってこそ、ラーメン店の売上が上がります。

先輩も会計の専門家なので、つい店の回転率を見ます。ラーメン1杯で長居をしては、迷惑千万だとわかるのです。だから、さくっと食べて、「じゃあ、出ますか」と会食が終わるのです。

ただし、起業すると決めて、すでに成功している人に話を聞きに行く時は、当然ですが、この限りではありません。成功している人と仲良くなったほうが、成功の方法を教えてもらえますから、進んで飲みに行ったりもしました。

こうした時間は、逆に有意義といえます。

つまり、**自分のいるステージよりも、高いステージにいる人、自分が目指している境遇の人を選んで、その人とできるだけ長い時間を過ごすようにするのです。人間は、「長く時間を過ごしている人」の影響を受けやすい生き物だといわれているからです。**

居酒屋やレストランも、一緒に過ごす人によって、価値が変わってくるといえます。

Point

同僚や先輩と行くなら、短時間で済むラーメン店に行こう。

24

飲みに行かず、遊びに行かず、お金を勉強に回す。

僕自身、会社員時代に起業すると決めてからは、飲みに行ったり、遊びに行くことを完全にやめました。

もともとトーマツは激務で、遊びに行く時間もそれほどなかったので、お金は使わず、貯金は３００万円ほどありました。

「ひとり」を選ぶと、飲み代、遊び代が、ぐっと節約できます。

そのお金を何に使っていたか。学びです。セミナーに行ったり、本を買ったりと、勉強に使っていました。そして、起業時の開業資金に使いました。

「本当に学びたいこと」を学ぶのは、非常に楽しい。

もしも独立を考えるなら、学びに少しでも多くのお金を注ぐといいと思います。

僕が起業を考えた時に行ったあるセミナーは、２日で10万円もしました。

当時の給料は月に40万円くらいだったと思いますが、家賃20万円くらいの高級マンションに住んでいたので、残りは20万円。副業の収入もぼちぼち入っていましたが、セミナー代10万円は、相当な出費であることに違いありません。

でも、躊躇《ちゅうちょ》はありませんでした。

講義の内容が「お金儲け」だったからです。お金儲けのプロからその方法を直接学べるなら、決して高くない投資だと考えました。

全部で100人ほどの受講生がいましたが、高額だったせいか、僕以外はほとんどが40代くらいでした。

そのセミナーで僕が学んだのは、とてもシンプルな教えでした。

「ひとりで、パソコンだけで稼げ」

「5万円稼げることがわかったら、最初はみんなにタダで教えろ」

「いずれはそれを売れ」

それだけです。でも、この「3行の教え」が僕の独立を大きくあと押ししました。

早速、この3行の教えを行動に移すことにしたのです。

当時、僕は1万6800円のある情報商材を買って、アフィリエイトで月20万円の副業収入を得ていました。「情報商材」とはインターネット等を使って売買される「情報」のことです。

その商材の購入者限定のイベントがありました。僕はそこに行き、僕の商品、つまり、「月20万円を稼ぐ方法」を無料で教えることにしました。

その場の参加者はその商材であまり利益を上げていなかったので、同じ商材で20万円も稼ぎだしている僕の話を誰もが聞きたがりました。

もちろん、最初はタダで教えて、3回目まで無料、4回目以降は有料というルールで、稼ぎ方を教えました。

その後、Facebookやメールマガジンなどを使って、ビジネス情報の発信をし、どんどん集客をして、アポイントを増やしました。

結果として、2013年3月には、457万円の売上を上げることができたのです。

最初の10万円のセミナー代は、またたく間にもとを取ることができました。

英会話スクールで一生懸命に学べば英語が身につくように、お金を儲ける方法も一生懸命に勉強すれば、身につくものです。

無理してでも、セミナーに参加してよかったと思っています。

Point

本気で学びたいことに投資すれば、もとはすぐに取れる。

Chapter 3　環境・時間で「ひとり」になる。　まとめ

- 頼る人がいない場所でひとり暮らしをして、自立心を養おう。
- やる気の出る場所、家賃の高い場所に住んで、セルフイメージを上げる。
- 「無意味なこと」を生活から排除し、今、やるべきことに時間を集中させる。
- 職場の「飲み」は、居酒屋をやめて定食屋にすれば時間が短縮できる。
- 遊びや飲み会ではなく、「本気で学びたいこと」にお金を集中させる。

Chapter 4

仕事で「ひとり」になる。

25

20代は貯金よりも投資にお金を使う。

「攻めからしか守りは生まれない」

これも、僕の祖父の言葉、「じっちゃんの名言」です。僕の信条です。

20代でしっかりと貯金をしている人が、将来、お金持ちになれるでしょうか？

まず、なれないと思います。お金を〝攻め〟に使っていないからです。

「10代はのんびりして、20代はガッツリ働こうかな」とか、「20代はまだ若いから遊んでおいて、30代からガッツリやれば、仕事はうまくいくんじゃないかな」と考えている人も、攻めていないから、やはりお金持ちになれない。

今、守りに入っていたら、将来は守りきれないのです。

20代でお金持ちになるのは、相当難しい。それどころか、あなたの周りを見回してみてください。30代、40代、50代でも、「好きなものは何でも買える」と感じるほどに満足のいく経済的収入を得られている人は少ないはずです。

その境遇を20代で手に入れようとするならば、やはり周囲の反対を押し切って、攻め切るしかない。

僕の知人に、22歳で年収300万円だったのに、30万円の貯金で東京に引っ越してきて、1か月間をチョコのスティックパンだけでしのぎ、借金800万円を元手に投資をした結果、いまや年収2億円という人がいます。まだ、20代です。攻めています。

将来が怖いからと20代で貯金して守りに入ると、成功は難しい。

どうしたって20代の人は、30代、40代の会社員にはなかなか勝てない。営業にしても、キャリアを積んだ40代の人のほうが能力は高いはずです。

20代で勝つためには、飛び込み営業をしまくるとか、DMのライティングの腕を磨くとか、現場での場数を踏むなど、体力と、頭をフル回転させて、ギリギリで攻め切っていかなければ難しいのです。

また、ほかの知人に、外資系生命保険会社でトップの成績を取った32歳の人がいますが、毎日夜の12時になるまで人に会って、週5回飲み会を開いて、いろいろな社長を紹介してもらって、どんどん新しい人に会って、アポを取ったそうです。

40代、50代のベテランの保険の営業よりも、誰よりもたくさん人に会って、誰よりも保険の話をしたからこそ、32歳でてっぺんに行けたわけです。

そう考えると、20代は、貯金よりも投資が必要ということがわかります。

いろいろなところに行って学んだり、ちょっと背伸びをして高い寿司屋に行って一流の世界を目にしたり、ビジネス書や教養書の名著を読んだりというふうに、お金と時間と体力の投資をしておかないと、上に行くのは難しい。

お金はしょせん、ただの紙。紙のまま残しておいてもパワーアップできません。

やはり、いかに使うかです。

もちろん、使って損をするような場面もあるでしょう。

でも、怖がらずに、使うべきところには使うべきです。

成功の秘訣は、いかに儲けるかではなく、いかに使うかなのです。

Point

成功したいなら、儲け方より、使い方を考えよう。

26

10年後にほしいだけ稼ぎたいなら、「今はひとり」でいく。

目先のことだけを考えずに、時に長期的視点で考えてみると、「ひとり」はうまくいきます。

公認会計士試験の合格を目指した20歳の時、ちょっと心がぶれそうになったことがありました。その時、人生を長期的に見て、数値化して考えたことがあります。

公認会計士の資格を取得したら、1年目の年収が６００万円といわれていました。

日本の20代の平均年収は、３４６万円です。

40代の平均年収は５４１万円（ともに転職サイトＤＯＤＡ調べ。２０１７年）です。

僕の当時の選択肢は２つでした。

20～24歳の大学4年間、ひとり必死に勉強して24歳で600万円、を取る。

20～24歳の大学4年間、友だちと遊んで24歳で300万円、を取る。

しかも、後者を取ると、大学を卒業して約20年働いて、ようやく６００万円になる。

だったら、先に４年間勉強して６００万円を取ったほうが断然いい、と考えました。

公認会計士試験のスクールの先生にもこう励まされました。

「世の中、お金がすべてじゃない。だけど今、普通にいい大学を出ても、20代で年収３００万円の人がほとんど。金川くんの遊びたい気持ちもわかるけど、みんなが遊んでいる４年間を必死に勉強すれば、間違いなく経済的には普通の人よりも上に行けるよ。しかも、40代の平均年収くらいが、いきなり手に入る」と。

この言葉の支えもあり、僕は大学入学後にひとりもくもくと勉強ができたのです。

しかも、本来40代の人がようやく手に入れられる額を、４年間ぎゅっと勉強して、前倒しして手に入れようとしている。これは相当ストイックにやらないと無理だ、と自分を納得させることができました。

もし、５年後、あるいは10年後にほしいだけ稼ぎたいと思うのなら、今、行動を起こすこと。目の前の友人と遊んでいる場合ではないし、二日酔いで頭を抱えている場合ではありません。

今、行動を起こすことが、未来を豊かにしてくれます。

人生は次のどちらかだと思います。

先にラクして、あとで苦労する。

先に苦労して、あとでラクする。


僕のビジネスパートナーたちは、みんな後者です。

人と群れることをせず、朝から晩までストイックに仕事をしています。

そして、どんどん成果を出している。

年齢を重ねるほどに、体力的にはきつくなります。そう考えると、これからの人生でいちばん若い〝今日〟が、絶好のスタート時期なのです。

若い今日、ラクをしたほうがいいのか、10年後にラクをしたほうがいいのか、答えは明らかでしょう。

Point

これからの人生でいちばん若い今日、「ひとり」をスタートしよう。

27

「ひとり」を成功させたいなら収入のある程度を投資に回す。

今、僕の会社の売上は、右肩上がりでぐんぐん伸びています。
1期目、年商4500万円。
2期目、年商8600万円。
3期目、年商1億3500万円。
4期目、年商7億円。
5期目は年商約10億円に達しました。
会社の利益の大部分は、事業の成長のための投資に使っています。
これが、年商が上がっている大きな要因のひとつです。

もとはといえば、ある不動産会社の経営者からアドバイスを受けたからです。
4、5年で年収を10倍にしているすご腕の起業家を訪ね、僕は、年商1億円から10億円にしたいと相談したのです。彼はこう言いました。
「儲けの半分は絶対に事業投資に使いなさい」

以来、儲けは自分のために使うのではなく、ひたすら事業投資に回しています。

僕は独身だし、もともとプライベートで贅沢《ぜいたく》をするほうでもない。

特に今は、美味しいものを食べたり旅行に行って楽しむ、というよりも、ビジネスを成長させるほうが楽しいのです。

自分のお金は、ある程度あれば十分です。


ベンチャー起業の社長は、会社の儲けが上がると、自分の年収をどんどん上げていきがちです。そして、飲み歩いたり、高級なものを買いあさって、贅沢に暮らす。気分はいいかもしれませんが、それでは企業としての成長が難しくなります。

成長は、すぐに頭打ちとなるでしょう。

そこを逆に、プライベートはストイックに抑え気味にして、ビジネスに投資する。利益が出たら、どんどん来月、あるいは来期のために投資を続けていく。

僕はこれを繰り返してきたことで、年商を増やしてきました。

もしも起業して、大きく成長したいのなら、この方法はかなりおすすめです。


会社員の場合でも同じです。

人よりも上に行きたいと思ったら、自分が成長するために、ある程度のお金を投資に回す必要があります。

何を楽しむかより、どう成長するかに関心を向ける毎日を過ごすのです。

収入をいつまでも、仲間と飲み歩いたり、遊びに行く費用に使っていては、今の状況から抜け出すことは難しいでしょう。

自分を成長させるためのセミナーに行く、学校に通って何かを身につける、本を買って読む。あるいは、少額ずつでも何かに投資する。起業の準備に回す。

使うべきところは、たくさんあると思います。

それでも、今晩、仲間と飲みに行きますか？

Point

明日の自分、明日の会社の成長のため、儲けは投資へ回そう。

28

ひとりを支える最強の武器は「営業力」と「集客力」。

「営業力」と「集客力」は、起業したり、転職してほかに移ったりしても、必ず役立つスキル。「ひとり」ビジネスの強い武器となります。

「営業力」は、広告会社でも、不動産業でも、自動車でも、保険会社でも、どんな仕事でも必要です。セールストークがうまく、コミュニケーション能力の高い人は、どんどん商品を売ることができて、どこの会社でも重宝されます。

営業で大切なのは、セールストークとコミュニケーション能力なのです。

僕は、教育事業のビジネスをしています。コミュニケーションの授業の参加者は、人に教えるうちに自然とトークがうまくなり、コミュニケーション能力も向上します。

もともと僕自身、浪人中も、大学時代も、あまり人と話す機会がなかったので、社会人になりたての頃はコミュニケーションが苦手でした。

その後、会社でコンサルタントの仕事をするうちに、ある程度は身につきました。

ただ、人前で話すのが得意かと問われれば、苦手なほうでした。

教育事業を行うにあたって、魅力的なトークで参加者を魅了する大物の経営者のお話を聞いたことがあり、今でも、印象に残っている言葉があります。

「話すことに向いている人は誰もいない。練習したか、練習していないかだけ。もし、練習してうまくなれば、誰も持っていない、きみだけの〝武器〟が手に入る」

これをきっかけに、毎日、動画を撮影して1日12時間以上かけて特訓したり、お笑いの映像を観たりして、トークの練習をしました。今では、「芸人みたいで面白い」「カリスマ講師みたいにわかりやすい」と言われます。

当時身につけた「話す力」は、営業に限らず多くのビジネスに生かされています。

また、何かを売るには「集客力」も大切です。多くのお客様を集められれば、商品も売りやすくなります。

今、ひとりで何かビジネスをはじめる場合、集客しやすい時代です。

僕の場合、インターネット広告やSNSを使っています。

そこで、リストを集めて、商品を紹介しているのです。

LINEで集客した人には、無料でビジネス関連の情報提供をしています。

それに加えて動画をアップし、集客につなげています。

何十年も前は、リアルな人間関係を使ったり、チラシを作ったりして人集めをするのが一般的でした。人数を集めるのはとても時間と手間がかかりました。

でも、時代は変わりました。

ＷＥＢやＳＮＳが、これだけ発達しているのです。

一瞬で世界とつながれるツールがあって、そこに広告を出せば、多くの人の目にふれます。無料で使えるすべてのツールを使い、自分が実際に目の届く範囲を超えたところで情報配信ができる。それによって、お客様が集まってくるのです。

僕は起業して1年目は、これらのツールを駆使して、営業も集客もYouTubeの撮影もすべてひとりでこなしました。そして、１年目にして、３９００万円の粗利をあげたのです。

「ひとり」でも、使えるツールは、すでにあなたに無料で用意されています。

あとは、営業力と集客力、そしてやる気があれば、ビジネスはスタートできます。

Point

ＷＥＢやＳＮＳで、「ひとり」ビジネスをはじめよう。

29

「お金」の先の目的を
見つけると、
「ひとり戦略」はうまくいく。

「会社を辞めて独立して成功したい」、あるいは「新しいビジネスで起業して成功したい」場合、お金ありきで目標を考えないほうが、成功の確率は高くなります。

もちろん、お金が理由のひとつであったとしてもいいでしょう。

ビジネスでは、数字を求めることが絶対に必要です。

目標設定でも「数字」がわかりやすい。大学受験でも、偏差値という数字が目安になります。世の中、数字を意識しなければ、上を目指せません。

ただ、お金はただの紙に過ぎませんから、成功のイメージが作りにくい。

1億円の紙を思い浮かべるより、1億円で手に入るもの、たとえば、家とか暮らしを想像したほうが、イメージしやすい。具体的にイメージしたほうが、目標も達成しやすくなるのです。

そういう意味では、お金を目標にするのではなく、お金持ちになって「どうなりたいか」「どう生きていきたいか」「どんな生活を送りたいのか」をはっきりさせると、成功しやすいのです。

要は、「お金の使い道をどうしたいか」を明確にして、目標を達成しやすくするということです。

もし、お金を得た先にほしいものがないのであれば、わざわざひとりになったり、起業する必要はなく、会社員として普通に働いていればいいと思います。

僕の場合、公認会計士試験に合格して4大監査法人に就職すると年収600万円になって、普通以上の暮らしができることがわかっていました。

お金はもちろん魅力です。ただ、年収がいちばんの目的かというと、違いました。強かったのは、大学在学中に公認会計士試験に合格して、親から尊敬されたいという気持ちです。

会計監査は、公認会計士にしかできない独占業務なので、公認会計士の資格を取っていると、就職には困らないし、一生食べていけます。

2年の浪人生活で200万~300万円かかり、大学は私立で、なおかつ親元を離れてひとり暮らしをさせてもらっていたので、4年間では下手したら1000万円くらいはかかったでしょう。

僕には兄がいますが、国立大学を出ていますから、学費は僕ほどかかっていませんし、大学の教員になって抜群の安定感がある。僕も社会で生きていくのに強い資格を取って、親を安心させたいという気持ちが強かったのです。

そういう気持ちがなかったら、大学4年間、もくもくとひとり勉強して、大学在学中に公認会計士試験に合格することはできなかったでしょう。

起業する時も、第一の目的として、お金がほしかったわけではありません。会計監査の仕事が激務だったこともあり、より自由になる時間や、より自由なライフスタイルを何よりも手に入れたかったのです。

だから、独立起業を目指しました。トーマツは給料がよかったですから、お金がほしいだけだったら、辞めなかったでしょう。

お金の先の目標設定をしっかりすることで、「ひとり戦略」は成功するのです。

Point

「自分はどうなりたいか」という、はっきりとしたイメージを持つ。

30

成功の鍵を握るのは「情熱」「忍耐」「謙虚さ」。

僕が運営する教育事業では、優秀なスクール生の中から、僕たちと一緒にビジネスをやっていきたいという人のために面接を行っています。面接を通れば、ビジネスパートナーになってもらうのです。

その時に見るのは、「情熱」「忍耐」「謙虚さ」の種を持っているかどうか、です。種という言葉がわかりづらければ、可能性といってもいい。

最初は、持っていなくてもいいんです。

あくまでも、**「情熱」「忍耐」「謙虚さ」を持ちそうだなという雰囲気**を見ています。

僕自身の経験から、この3つがあれば、人は変われるし、結果を出せると分析しています。独立を目指す人にも、必要な力です。スキルよりも断然大切です。

僕は、子どもの頃から勉強ができるほうではありませんでしたが、この3つがあったから、今に至っている。自分ではそう思っています。

公認会計士試験にしても、「最悪、大学の単位が取れなくてもいい、卒業できなくてもいいから、絶対に受かりたい」「どんなものよりも、合格通知がほしい」という情熱を持って取り組んでいました。

また、忍耐力もありました。

起業する時に会った年収1億円の先輩は、次のように言いました。


「1億円稼ぐ方法は、1000人がチャレンジしても、999人があきらめる。あきらめずに、たったひとりやり続けた人だけが、最終的に結果を出せる」


公認会計士試験は、当時、合格率が10%ないくらいでした。

勉強は大変でした。覚えることはいっぱいあり、何年間も、朝から晩まで勉強しているツワモノたちが一斉に受ける狭き門なのです。

合格率が低い上に、勉強の大変さもあり、みんなどんどんあきらめていきます。

僕が通っていた資格の学校TACでは、2年間のコースに入っても、その半分くらいはやめていきました。でももちろん、あきらめなかった人もいました。

僕の周りで、一生懸命に勉強していた20人。

なんと、全員合格でした。

やっても結果が出ない。もうちょっとやってみよう。

また駄目だった。もう1回がんばろう……。

人はその挑戦を繰り返し、どこかのタイミングであきらめてしまいます。

でも僕は、仮に200回やって結果が出なかったとしても続ける覚悟、そして忍耐がありました。300回でも、400回でも続けられます。

公認会計士試験は2回目の挑戦で合格しましたが、もし、落ち続けていたら、今も勉強していたかもしれません。ひと言でいうと、あきらめが悪いタイプなんです（笑）。

最初は微熱。それでも、情熱はどんどん燃え上がる

最後のひとつが、謙虚さです。

これも祖父の言葉「じっちゃんの名言」のひとつで、僕は影響を受けています。


「結果が出たら周りのおかげ、結果が出なかったら自分のせい」

結果が出たとしても、周りの人が理解してくれて、応援してくれたからこそであって、お前は全然すごくない。

僕が調子に乗らないように、よく祖父が言っていました。

ほかの先輩からは、「そもそも人間の優劣はお金じゃない。お金を稼いでも全然偉くない」ということも教えてもらいました。

じっちゃんの名言も、先輩の言葉も、その通りです。

いくら収入が上がっても別に偉くないと思っていますし、調子に乗らないで、「自分はまだまだ」と思って、上を目指していきたいです。

これは、ずっとぶれない僕の軸です。

以上の3つがあると、能力は向上し、伸ばし続けられると思います。

でも現実的に、この3つをはじめから持っている人は少数です。

僕のパートナーたちでも、情熱は、最初は微熱程度でしかない場合が多い。

それでも、まったく問題ありません。

一緒にビジネスをスタートして、小さな成功体験を積み重ねるうちに、微熱だったものが急に高熱に変わり、大きな情熱を注ぐようになることがあります。

忍耐も謙虚さも同じ。あとで、いくらでも強くできます。

やりたいことに取り組んで、小さな成功体験を重ねるだけでいいのです。

スタートを切らないと、いつまでも「情熱」「忍耐」「謙虚さ」は伸びようがありません。小さくてもいいから、最初の一歩を踏み出しましょう。

Point

成功体験の積み重ねで「情熱」「忍耐」「謙虚さ」を伸ばしていこう。

31

筋トレは、ひとりで生きる力もつけられる。

今、筋トレにハマっています。3か月で、体脂肪を半分に落としました。筋トレをはじめてつくづく思うのは、ビジネスと非常に似ているということ。ひとりの時に、僕がやっていたことと同じだということです。

独立したり、ひとりで何かを成し遂げたいという時には、ぜひ同時に、筋トレをやってみることをおすすめします。

ひとりを成功させるには、「情熱」「忍耐」「謙虚さ」が大切だといいました。実は、筋トレを続けることで、この3つを伸ばすことができるのです。

筋トレを少しでもやったことがある人ならわかると思いますが、正直しんどいです。週に2回、トレーニングの最中はもちろんキツいし、トレーニングが終わったら終わったで、あとから筋肉痛におそわれる。運動が好き、嫌いにかかわらず、辛いです。

でも、「絶対に、筋肉をつけてやる」という情熱があれば、その辛さに勝てます。情熱があって、さらに強い忍耐力があれば、瞬間の辛さには耐えられます。

「はい、あと5回!」とトレーナーに言われた時、「あ、無理」と思うのではなく、「よし、がんばろう！」と思えるのです。

そこに謙虚さがあると、さらに上を目指せます。

「自分はまだまだ。もっと上がいるから、がんばらなきゃ」

と、自分の中に上昇志向を習慣づけることができるのです。

多少筋肉がついた時、「あっ、もうついたからいいや」で終わりにはできません。謙虚さを忘れて「もう満足」と筋トレをやめれば、すぐもとの体に戻ってしまいます。

筋トレを続けるには、「情熱」「忍耐」「謙虚さ」が必要ですが、その逆も実感しています。つまり、筋トレをがんばって続けていることにより、「情熱」「忍耐」「謙虚さ」が培われるのです。

ひとり戦略を成功させるための基礎、「情熱」「忍耐」「謙虚さ」が筋トレでつくといってもいい。かつて、「自分の体重のコントロールのできない人は、成功しない」と聞いたことがありますが、その通りです。

もうひとつ、筋トレのメリットがあります。

手軽に「成功体験」ができることです。

何かを成功させたい時、そこまでの小さな成功体験の積み重ねが欠かせません。筋トレは、やればすぐに結果が出ます。成功体験がすぐにできるのです。

たとえば、公認会計士試験は1年に1回。落ちたら、もう1年勉強しなければなりません。成功体験を得づらいのです。

その点、筋トレは毎回やるたびに自分の限界を打ち破ったような達成感が得られます。その自信は日常の生活の中ではなかなか得がたいものだと思っています。

大きな結果を出すには、ある程度時間はかかりますが、ちゃんとやれば自分の体型に反映されますから、成功体験を実感しやすいのです。

お金の世界で成功を手に入れるには時間がかかりますが、筋トレは早く結果が出るところがいいのです。

「自分はやれば、ちゃんとできるんだ」と、思えることがとても大切です。

さまざまな学びがある筋トレ、ぜひ、挑戦してみてほしいです。

Point

筋トレで「情熱」「忍耐」「謙虚さ」を手に入れよう。

32

社外で「ひとり」を
実現するため、
あえて社内で出世を目指す。

副業がうまくいきだすと、独立を目指し、本業の会社を辞める人が結構います。

僕がそのパターンです。副業開始5か月で1か月の副業収入が400万円を超え、晴れて会社を辞めました。

ただ、これとはまったく逆のパターンもあるのです。

副業がうまくいっているから、もう少し会社員を続けようというケースです。

思いつきで会社を辞めることが「ひとり戦略」では決してないのです。

好例が、知人で不動産投資をしている薬剤師の女性です。

非常に優秀で、不動産を5棟ほど持っていて、資産も5億円くらいはあります。

不動産投資がうまくいっているので、会社を辞めても、経済的にはまったく問題がありません。でも、あえて辞めずに、会社でもさらに上を目指しています。

なぜか。薬剤師は社会的な信用度が高く、金融機関から借り入れをしやすいからです。さらに不動産を買い進めるために、今の会社で上のポジションを目指し、給料や年収を上げようとしているのです。

給料や年収が上がるほど、さらに融資を受けやすくなるというわけです。

不動産で融資を受けたいがために、会社でバリバリ働いています。

なぜ彼女は、本業の会社員と副業の不動産投資を両立させながら、成功し続けているのか？

それは、目的意識が明確だからです。

何のために、会社で働き続けているのか。社会的な信用を得るため。

何のために、会社で上のポジションを目指しているのか。さらに多くの融資を受けるため。

何のために、多くの融資を受けたいのか。より多くの不動産を買って、さらに経済的な自由を得るため。

つまり、副業収入をどんどん増やしたいがために、会社でもがんばっているのです。

不動産投資で成功を目指す人の中には、この薬剤師の女性のように、お金を借りたいから、仕事を辞めずに、会社での出世を目指す人は少なくありません。

借りられるだけ借りて、それから辞める、という人もいます。

会社を辞めるのは大変大きな決断です。

一度辞めたら、すぐに戻ることはできません。

副業がうまくいっているからといって、やみくもに辞めるのではなく、会社員でいることのメリット、デメリットを十分に考えた上で、決断するようにしましょう。

何がしたいか、何がほしいかによって、やり方は違ってくると思います。

会社に勤めている大きなメリットは、社会的な信用があることです。

融資を受けてビジネスをする場合は、これを利用しない手はないでしょう。

僕の場合は、社会的な信用というよりも、新しいビジネスをどんどん進めていくための自由な時間がほしかったから、会社を辞めたのです。

ちなみに会社を辞める前、僕は東京都港区の高級タワーマンションに引っ越しました。高級マンションは入居の審査が厳しいのですが、会社員だと書類審査も通りやすい。会社員であることの最後の恩恵を受け、僕は独立を果たしました。

Point

独立する時は会社員であることのメリット、デメリットを考える。

まとめ

- 20代は、お金の「儲け方」よりも「使い方」をよく考える。
- 何を楽しむかより、どう成長するかに意識を集中させる。
- 自分はどうなりたいのか、「お金」の先の目的をはっきりイメージする。
- 成功に必要な「情熱」「忍耐」「謙虚さ」を、手に入れる。
- 独立・起業を目指すなら、まず会社員のメリット・デメリットを熟考する。

Chapter 5

ひとりでも、君は生きていける。

33

悩んだら、やりたい証拠。

独立はしたいけれど、自分が何の仕事をやりたいのかがわからない、という相談を受けることがあります。

確かに、人生でやりたいことを見つけるのは大切です。

でも、やりたい仕事を見つけるのは至難の業です。

そもそも、面白い仕事はない、というのが僕のスタンスです。

料理を作るのが面倒だから、外食をする。

ちゃんと洗濯できないから、クリーニングに出す。

仕事とは結局のところ、人がやりたくないこと、面倒臭いこと、誰かに任せたいことをやるからお金がもらえるのです。

やりたい仕事を探すことよりも、やりたくない仕事に向き合って、それをいかに楽しむかのほうが、大切です。

だから、僕は公認会計士試験を受験する時、次のことを考えました。

どういう仕事だったら、楽しめるか。

どういう仕事だったら、少しでもワクワク感があるか。

どういう仕事だったら、自分の得たいものが得られるか。


僕は10代の頃から、いつかは起業したいという夢を持っていました。

理由は、新しいことにチャレンジしたいし、自由に働きたいし、好きなことをやりたかったからです。

会計士であれば、会社役員と話す機会もありますし、いろいろな企業を見ることができる。起業に役立ちそうだから、いいなと思ったのです。

会計監査の仕事そのものが、やりたかったわけではありません。

そもそも、やる前から面白い仕事はないわけですから。

業務とか仕事そのものじゃなく、「自分は何にワクワクできるのか」に焦点を当てたほうが仕事は選びやすいのです。

シンプルに、趣味や特技にワクワクするのだとすれば、できるだけ仕事の時間が短くて、プライベートの時間を長く取れる仕事がいい。もしかしたらそれは、よく言われるように飲食業ということになるのかもしれません。

僕は当てはまりませんが、世間には月曜日から金曜日まで働いて、土日の休日を楽しみにしている人が圧倒的に多いのではないでしょうか。

やりたいことを決めるというと、どうしても仕事をイメージする人が多いのですが、その「日々の仕事」という枠をはずして、**「本当に好きなことはなんだろう」「自分は人生の中で何を重視していきたいんだろう」**と考えたほうがいいと思います。

もしも今、会社勤めをしていて、「このまま無自覚に今の仕事を続けていていいのだろうか」「これは、自分がやりたいことなんだろうか」と悩んだりしていたら、それは、「変わりたい」サインです。

できるだけ早く、自分はどうしたいのかを考えて、アクションを起こしたほうが人生は変わっていくし、楽しくなっていくと思います。

Point

「このままでいいのか」と悩んだら、行動に移ろう。

34

独立を志したら、成功者に会いに行くのが成功への最短距離。

独立を志したら、「独立を成功させた人の話を聞く」のが成功への近道です。

資格取得を目指す時も同様です。僕が公認会計士試験の勉強を開始した時に合格体験記をむさぼり読んだように、何か達成したい目標ができたら、その道の成功者に「成功の仕方」を聞くのがいちばん早いのです。

独立を成功させた人は、成功させたノウハウ、つまり成功させる答えを持っているからです。その通りにやれば、成功できる可能性が高いのです。

今はYouTubeで、自分の成功の体験談を公開している人もいます。本を書いている人も少なくありません。ですので、まずはインターネットや本で体験談を見たり、読んだりしてみるといいでしょう。

ただ、僕自身の体験からいえば、できるだけ直接会ったほうがいい。

講演やセミナーがあるのなら参加してみる。出版のイベントがあったら行ってみることをおすすめします。

なかでも効果が高いのは、少人数の勉強会で話を聞く。理想は、「一対一」で会ってこちらの話を聞いてもらうことです。

まとめると、成功への最短距離を目指すなら、効果が高いのは次の順番です。

①一対一で会う　②少人数で会う　③講演やセミナーに参加する
④インターネットや本で学ぶ

「一対一」、あるいは「少人数」で会うと、かなり深い話までできます。

気をつけたいのは、その時に漠然と「どうしたら、起業（独立）が成功しますか？」などと抽象的な質問をしても、有益な情報は引き出せないということです。

できる限り〝具体的〟に質問をぶつけないと、相手は何も話してくれないのです。

ですから、ある程度自分のやりたい方向性を決めて、問題意識をはっきりさせて、質問内容を具体的にまとめてから会いに行くようにします。

「どういう思いで起業したいのか」、あるいは「なぜ脱サラしたいのか」をしっかり伝えることで、どんな稼ぎ方があるのかを教えてくれるものです。

僕は、起業すると決めてから、３人くらいに話を聞きに行きました。

そして、その人たちに教えてもらった通りにやると、うまく行きました。

会いに行ってから独立するまでは本当に早くて、半年くらい。

ただ、どのくらいの期間で独立できるかは、本人次第です。

何かにびびっていたり、守るものがあると、なかなか最初の一歩が踏み出せません。

「びびり」や「守り」をなくすためには、独立したい理由を明確にしておくことです。

極端なことをいえば、勤めている会社を辞めて「開業届」を出しさえすれば、すぐに独立はできます。3日とかかりません。簡単です。

やる気を出して、一歩を踏み出しさえすればいいのですから。

公認会計士試験に合格するのも、一流の営業になるのも、英語を話せるようになるのも、起業するのも、もうノウハウはある。やり方の答えは出ているわけです。

ただひたすら、実践さえすればできる。問題はちゃんと実践するかどうかだけです。

言ってしまえば、成功できるかどうかは、「あなた次第」ということです。

Point

自分の方向性を決めてから成功者に会いに行こう。

35

独立を志したらはじめたい
テストマーケティングの方法。

会社員で起業して「独立する」と決めたら、会社が副業を認める環境にあるなら、一度、テストマーケティングをやってみるといいでしょう。副業を開始して、本当にそれが儲かるかを試してみるのです。

僕は、まだ会社員だった2012年の夏から副業の準備をしました。

勤めながらですので、どんな仕事でもいいというわけにはいきません。

「時間帯を問わない」「ひとりでもできる」ものに限ります。

何をやりたいかにもよりますが、会社員から、副業を経て独立するなら、ほかの意味でも、ネットビジネスはおすすめです。

有名な「儲かるビジネス4原則」といわれるものがあります。

①在庫を持たない
②利益率が高い
③初期投資がかからない
④安定収入が確保できる

この4つに当てはまる数が多いほど、スムーズなビジネスが望めるのです。

ネットビジネスなら、この4つにピッタリ当てはまります。

ネットビジネスには、物販、せどり（個人で行う転売、物販ビジネス）、アフィリエイトなどがありますが、僕はアフィリエイトを選びました。実は、たまたま出合った本がアフィリエイトだったから、という単純な理由です。

「あっ、これで行こう」と。僕はこうした直感を大事にしています。


アフィリエイトとは、一種の販売代行です。ASP（アフィリエイトサービスプロバイダ）に登録されているサービスを、ブログやメルマガなどの自分の媒体で紹介して、販売手数料を得ます。

会社を辞めて独立すると決めた２０１２年12月には、東京の神楽坂に事務所を借りました。そして、毎日朝の６時から９時までと、仕事が終わってから夜中の３時までは、副業をしたり、起業の準備をしました。

アフィリエイトをはじめた11月は売り上げが２万円。

翌12月には一気に20万円となりました。

そして、20万円稼いだ方法を、ほかの人に教えるというコンサルを開始。

翌年2月には副業収入が60万円になり、翌3月にはなんと、457万円の売り上げを立てることができたのです。

テストマーケティングは大成功でした。そして、**「お金と、自由になる時間を手に入れられた！」という、何ともいえない解放感**を覚えました。

ここでひとつ、もし、テストマーケティングがうまくいかず、成果をあげられていなかったら、僕は会社を辞めなかったか、というと、やはり辞めていたと思います。

会計の仕事をしっかりとやりながらの副業は、睡眠時間がわずか2、3時間しかなく、相当にハードでした。もっと時間がほしいと、ずっと思っていたからです。今、成果があがらなくても、時間があればうまくいくという確信が僕にはありました。

もちろん、僕のように会社を辞めなくても、副業をやりながら本業（＝正社員）を完璧にこなしている人も、たくさんいます。

自分がどうしたいか、よくよく考えてから、決めるといいでしょう。

Point

勤めながらの副業なら、ネットビジネスが効率的。

36

保険、不動産、教育……。ひとりなら、高収益ビジネスを考える。

ひとりでビジネスをはじめる場合、単価の安いものを売るには限界があります。たとえば、ラーメン店。

今、社会人で、これから脱サラして「何か」で儲けたいという状態なら、ラーメン店の経営は、効率的とはいえません。

ラーメン店は単価が安いので、薄利多売の勝負です。2店舗、3店舗と多店舗展開をしなければ、営業的に成功を収めるのは難しい。脱サラした人がそれだけの資金を準備するのは、非現実的です。

ラーメン店をはじめとする実店舗ビジネスに限らず、インターネットを活用したビジネスの場合であっても、脱サラした人がいきなり「薄利多売型ビジネス」で短期間に結果を出すことは難しいといえます。

もし、ラーメン店を開くのが小さい頃からの夢で、どうしてもやりたかった、というのであればもちろん話は別です。ラーメン店をはじめるといいでしょう。

ただ現実的に、**成功している人を見てみると、一般受けするようなもの、つまり「普通の人が買うようなもの」で稼いでいるケースは少ない**と感じます。

そういう人はむしろ、「普通の人がめったに買わないもの」に注目しています。

たとえば、医師。

一般の皮膚科や歯科など、保険診療の適用になる治療を行っている医師は、聞こえはいいし、会社員よりは収入はいい場合が多いでしょう。

しかし、圧倒的な収入かというとそうでもない。

むしろ、自由診療の美容整形や歯列矯正を行っている医師は、かなり儲かっているケースが多いです。誰もが行く医師より、高額で自由度の高い診療をしている医師のほうが収入的には上がるのです。


医師に限らず、独立してビジネスをはじめる場合もまったく同じです。

誰もが普段買うようなものを扱うよりも、一生のうちに数回しか買わないようなものを扱うほうが、売れた時の利益が多く効率的なのです。

効率的に稼ぎたいなら、「教育事業」を視野に入れる

これから独立して、何かビジネスをはじめたい。できるだけ短期で大きく儲けたい。つまり、**「ひとり（＝独立）」になりたくて、まだ何をやるか決まっていないけれど早く結果を出したい場合、保険、不動産（家）、教育事業にヒントがあります。**

これは生涯の買い物の中で、高額なもの上位のうち3つといわれているのです。多くの人が定期的にお金を払い続ける「保険」に入っています。さらに、ローンを組んで、一生のうち一度くらいは「家」を買う人がいます。

そして、知識欲は多くの人が持っている上に、身につけた知識を使ってお金を増やすため、人は「教育事業」に多くのお金を使うといわれています。

さて、それではどれを扱えばいいか。

僕は、会社を辞めて「ひとり」になろうと決めた時、教育事業に目をつけました。スクール事業として、「稼ぐ方法を教えるビジネス」をはじめたのです。

教育事業であれば、稼ぎ方を学びたい、という意欲は多くの人が持っていますし、販売するコンテンツも自分自身で作り上げることができるからです。

僕は現在、「物販」や「不動産」をはじめとするスクール事業をメインに売上を伸ばしています。このスクールは単なる知識やノウハウの提供だけでなく、参加者が実際に実践した際のフォロー、そして現場の情報や悩みを共有できるコミュニティなども作っています。さらには、このスクールで成果をあげた人たちでチームを作り、それぞれが協力し合いビジネスを展開していきます。

ここで「物販」のスクールで教えている内容を具体的に紹介すると、前項に書いたように、僕が会社員時代に経験したアフィリエイトです（「不動産」については後ほどご紹介します）。

アフィリエイトを成功に導くには、ネット記事のアクセス数を増やすことです。アクセス数を増やすには、多くの人が関心のあるテーマについて記事を書く必要がありますから、まずそのスキルを教えます。

僕はこうしたノウハウの共有、さらには実践の際のコーチングを含めて、トータルな教育システムを構築しています。

「ひとり」になって成功したいならば、単価の高いものを売る側になること。

これは鉄則だと思います。

起業を志したけれど、やるべきことが見当たらないなら、人にノウハウを教える仕事を考えてみることを僕はおすすめします。

Point

「ひとり」ビジネスで結果を出したいなら、教育事業が近道。

37

ひとりで売上3000万円を超えたら、仲間を作れ。

会社を辞めてから、基本的には「ひとり」でビジネスをやってきましたが、２年目になって壁を感じました。それは「売上３０００万円の壁」です。

ちゃんとやれば、３０００万円までは「ひとり」でクリアできると思います。

このことはほかの経営者からもよく聞くので、たぶん３０００万円は、誰でも到達可能なステージなのでしょう。

ところが、そこまで行くと伸び悩む。自分で、どうしてだろうと考えた時、「これ以上、仕事を面白いと思えない」ことに気づきました。

独身ですし、３０００万円あれば、金銭的にはある程度、余裕を持って生活ができます。自由になる時間も手に入った。ところが、仕事に面白みを感じなくなってしまったのです。

ある経営者の方に相談したところ、**「もっと成功したかったら、自分が成功するためにやるんじゃなく、周りの人を成功させたいと思ってやりなさい。そうすれば、１億円は超えるだろう」**と。

この時が、僕の「ひとり戦略」の転換期だったと思います。

僕は、2年目から仲間を作りだして、いろいろな人に関わってもらうようにしました。仲間といっても、つるんで遊びに行く友だちではなく、一緒に仕事をする「ビジネスパートナー」です。

彼らに結果を出してもらいたい、彼らの収入を上げたい、やりがいを感じてもらいたい、と意識して取り組むようにしたら、不思議なもので、すぐに売上は1億円を超えるようになりました。

人を成長させる喜びは大きく、仕事が面白くもなってきました。

「ひとり」の進化系、それは「みんなのための、ひとり」

結局、ある程度のレベルまでに行くには、「自分のために」と考えて行動することが大事だと思います。ひとりで、がんばり切って、壁を突破していく。けれど、さらなる上を目指す時には、「人のために」という意識が必要になってくるのです。

全米トップのビジネススクールであるペンシルバニア大学ウォートン校の史上最年少終身教授のアダム・グラント氏が、ビジネスパーソンを次の3つのタイプに分けています。

- **ギバー…………人に惜しみなく与える人**
- **テイカー………真っ先に自分の利益を優先させる人**
- **マッチャー……損得のバランスを考える人**

振り返れば、僕自身、公認会計士試験の合格を目指していた頃は、完全にテイカーでした。とにかく、自分は試験に受かりたい。そのために、大学のゼミのグループ発表をおろそかにし、クラスメイトと喧嘩したこともあります。

いわゆる〝いい人〟じゃなく、ある意味、自分勝手で、親の言うことも無視して、やりたいことだけに没頭する。テイカー中のテイカーでした。それでもある程度のところまでは行けました。

むしろ、ある程度のステージまでは、そのほうが早く上に行けるのです。

でも、会社員になった時、その考え方ではこれ以上伸びないと気づきました。

社会人になって、一般常識もだんだん身につけたので、自分本位ではまずいと（笑）。

ようやくマッチャーになり、「もらったら、バランスよくあげる」というギブアンドテイクの発想に変わりました。

そして、そのまま起業したわけですが、ここで「３０００万円の壁」がたちはだかってきて、なかなか売上が上がらなくなりました。

その時に、先述の60代の先輩に、「ギバー思考になりなさい」と教わったのです。

このように、「ひとり戦略」は、ステージに合わせて進化します。

大切なのは、人との関わり方を変えても、頼らない、つるまないという「自立した個のマインドセット」を持ち続けるということです。

起業して、もし壁を感じたら、ぜひ、考え方を見直してみましょう。

仲間を作った上で、テイカーからギバー思考になると、驚くほど成果が上がります。

周りを成功、成長させると、自分も成長できるのです。

Point

仕事に行き詰まりを感じたら、考え方を「ギバー思考」に変えよう。

38

力のある「ひとり」がつながると、売上は、うなぎのぼり。

独立して目標達成を重ねていき、あるレベル以上に行くと、志の高い「ひとり」の人たちが自分の周りに集まってくるようになります。

そして、志の高い人たちが無駄なく協力し合うと、売上はキュッと伸びていきます。

僕は起業後、年商が1億円を突破した3期目くらいから、志の高い「力のある個人」と、どんどん仕事をするようになりました。

どうすれば、志の高い「力のある個人」と組めるのか。

僕の会社では、「力のある個人」を求人広告で探しているわけではありません。

すでに前章でご紹介したように、**まだスキルはないけれど、「稼ぎたい」という意欲のある人を、研修やスクール事業などで、「力のある個人」に育て上げて、一緒に仕事をしているのです。**

たとえば僕が主催している、営業パーソンを育てるスクール事業では、保険業界や不動産業界で結果を出しているトップセールスを講師に招き、営業の基礎や考え方などを一から丁寧に受講生に教えて、力をつけてもらっています。

そうしてスクールを終えた受講生で、情熱、忍耐力、謙虚さの3つの力を持ち、僕らと一緒に仕事をしたいという人に、ビジネスパートナーになってもらいます。一緒に学んで仕事のポリシーに共感してもらえていますから、人間関係も良好で、チームを組んでも結束が固くなります。結果、よい仕事につながっていると思います。

今、僕のビジネスでは、いろいろなプロジェクトが動いていて、不動産投資、ネット物販、仮想通貨など、ビジネスモデルの種類ごとに、10人くらいの集団が20チームくらいできています。

彼ら彼女らは、僕の会社の社員ではなくて、独立したチームです。

参加している人も、ひとりひとり違う仕事を持っていて、会社員だったり、フリーランスだったり、主婦だったりと、本当にいろいろな人が集まっています。

それぞれのチームリーダーのもと、毎日、インターネット、SNS上などで会議をしたり、情報交換をしています。僕は、ビジネスの仕組みを作り、それぞれのチームのリーダーたちとビジネスパートナーの関係にあります。

商品提供も営業活動も、優秀な外注の方やビジネスパートナーと組んでいて、売り上げの中からフィーを分けていくシステムです。

心でつながっても、決して群れない関係がある

彼らは一様にストイックです。

ある程度のレベルを超えると、目標の高い人たちばかりが集まってきますから、お互いに価値感も似てくるのでしょう。

それぞれ高い志でやってきた強い人たちが集まったチームですから、行動力も相当なもので、力を合わせた時の相乗効果もかなり高いといえます。

心はつながっている感じはありますが、決して群れることはありません。ビジネスに、なれ合いは不要なのです。

ＬＩＮＥやメールなどでコミュニケーションはマメに取っていますし、よく食事に行くこともありますが、お互いがお互いの時間を尊重しています。人間的にお互い興味を持って、仲良くなって仕事をしやすい環境を作るようにしています。

もちろん、価値観や目標も共有されています。

こういうふうなところを目指そうと、みんなが目標に向かって動きます。

たとえば、僕は100万人に読んでもらえる本を出そうという目標を掲げました。

できれば100万人の人に、人生を変えてほしいと思ったからです。

とはいえ、出版不況といわれる今、10万部の本を出すことさえ、至難のわざといわれます。1冊で100万部を超える本を出すことなどは奇跡といえるでしょう。

そこで、1万部の本を100冊出すことに決めたのです。

1万部×100冊＝100万部
100万部×1冊＝100万部

結果は同じです。現在、毎月のように出版しています。

そのため、出版のプロジェクトチームを作りました。出版のプロフェッショナルたちが集まった精鋭のチームです。

すると、チーム全体が、「100万部」という目標達成に向かって動きます。

うまく行かなければ、どうすればいいか、話し合って解決策を考え、さらにそれを実行に移すのです。

「ひとり」の相乗効果は、計り知れない

僕が仕組み作りをした不動産の営業チームも、とてもチームワークがよく、売上が上がっています。

仕組みとしては、10人の中で、誰か1人がお客さんを紹介して物件が売れると、売上のうち、50％は成約した人間に、30％は残り9人で分配。あとの20％が僕の会社に入ります。不動産は単価が高いので、毎月50万円以上は、ひとりひとりに入ります。フィーが高いので、辞める人はいません。少しでも売上を上げるために、10人で勉強会をして、切磋琢磨しています。

ひとりひとりに実力があるので、チーム内の相乗効果はかなりのものです。

会社組織の場合は、たとえひとりひとりの個人の力が強く、大きな売上があがったとしても、その大部分はメンバーでなく、会社に入ってしまいます。

僕が仕組み作りをした「チームで動く組織」の魅力は、各メンバーの努力が相乗効果を生んで、収益が高くなることでしょう。そしてその収益は、直接メンバーに還元されるのです。こうして、会社じゃない組織で仕事ができるのも、ネット社会だからこその魅力かもしれません。

Point

志の高い「力のある個人」になろう。

39

好きなことに夢中になれ。
自然に周りは見えなくなる。

学生時代や新入社員の頃などは、どうしたって「遊びたい」という気持ちが先行します。つい、仲間とつるんでどこかに行きたくなるのが普通です。

ただ僕自身はすでにお話ししたように、浪人時代、学生時代を通して、クラスメイトのことは、ほとんど気にならず、ひたすら、目の前の勉強に没頭していられました。

なぜでしょうか?

理由は、僕には挑戦すべき夢があったからです。

大学3年までに公認会計士試験に合格して、そのあと、いったん企業に就職した後に起業して、1年で結果を出そうという夢。

そのためには、公認会計士試験のスクールのカリキュラムも詰まっていましたし、やらなければいけない勉強は山積みでした。

周りを気にしている余裕などなかったのです。

「ほとんど気にならなかった」と言ったのは、時どき、大学生はどんな生活をしているのかが気になって、クラスメイトに「普段、何しているの?」と聞いたりしていたからです。

すると、「バイトや飲み会とか、サークルに行って、時どき授業に顔を出すっていう感じかな。夏は海とか、旅行にも結構行くよ」と返事が返ってきます。

「へぇ、そうなんだ」

と答えつつ、気持ちの中では、大学生って行動が面白いな、と、まるで別世界の人たちを見るように接していました。

なぜかといえば、僕は公認会計士試験の予備校に通っていて、そちらに軸足をおいていたからです。そこに通って公認会計士の試験合格を目指している人は、僕の知る限り、海に行ったりしないし、京都だから祇園祭とか、葵祭とか、時代祭とか、祭りもいろいろありましたが、特に行ったりもしていませんでした。

だから、大学のクラスメイトの話を聞いても、うらやましいとか、自分も行ってみたいなという気持ちが起こることはありませんでした。

「みんなと海に行くんだったら、ひとりでマークシートを塗りつぶしていたい」

そんな感じでした。


僕の場合は、たまたま公認会計士の資格取得や起業が夢でした。

しかし、どんなことでもいいと思います。

やりたいこと、夢中になれることを見つけて、それに全力で挑戦する。

そうすると、周りのことは気にならないし、むしろぐっと集中できます。

そして、目の前のことに集中していると大きな力がわき上がってくるのです。

よくスポーツなどでこの状態は「ゾーンに入る」といわれますが、このゾーンに入ると、周りは見えなくなります。

ゾーンに入れるほど夢中になるには、自分で決めた夢、目標じゃないと難しい。

もちろん、人から言われたことでも、「それだ！」と腑に落ちるものならＯＫです。

ただ、「人から言われたからやる」と、あとで言い訳につながります。「○○さんが言ったからやったけど、結局はダメだった。○○さんのせいだ」と。

自分からわき出ることであれば楽しくできるし、ダメだったとしても、あきらめもつくでしょう。

Point

自分の心からわき出ることに目標を定める。

40

会社員こそ、「ひとり戦略」でAIに負けない力をつけろ！

コンビニに入って、商品をポケットに入れ、そのまま外に出るだけで自動的に支払いが済む。アメリカでアマゾンがレジなしの無人のコンビニエンスストアを作り、話題になりました。

ＡＩ機能搭載のカメラやセンサーが、利用者が何を買ったか認識する仕組みです。最近、こうしたＡＩ活用のニュースをよく耳にします。日々、驚きます。

10年~20年後に、日本で働く人の約50％に、ＡＩが取って代わることが可能といわれます（２０１５年の推計）。

社会の仕組みが大きく変わって、働く場がなくなってきているんですね。

大企業の不祥事も相次ぎ、これから会社という組織がどう変わるかもわかりません。

会社員の方は、将来独立したい、したくないにかかわらず、いつでも独立できる能力やスキル、考え方を持っておくべきでしょう。

繰り返しになりますが、攻めからしか守りは生まれません。

自分を守るために、「ひとり」でもやっていける力を培っておく。ＡＩに負けない自己防衛の力を養っておく必要があるのです。

これは、今の時代を生き抜くためのパワフルな戦略といえます。**ひとりでやっていける能力を培っておけば、いざという時に、あわてずに速やかに行動に移せます。独立したいと思った時にも、すぐに独立ができるでしょう。**

僕自身は、絶対に独立したほうがいいという考えです。

ただそれを、誰に対してもおすすめするつもりはありません。

会社の中でやりたいことがあって、日々成長を感じられたり、充実した人生を送れているのなら、無理に辞めなくていいのです。

では、どんな人に、会社を去って独立を目指すことをすすめるか。

たとえば、次のような思いを持った人です。

「今の仕事自体がいやだ」

「将来、こうなりたいと思う上司がいない」

「居心地のいい職場環境ではない」

「身につけたい能力が身につかない」

「達成したい目標が見つけられない」

つまり、**そこに居続ける「メリット」や、そこで「得たいもの」がないと感じたのであれば、無理して居続ける意味がないということ。**

やりたいことを達成するための忍耐力は必要だと思いますが、情熱がない分野に関して忍耐力を使う必要はありません。

迷った時に考えるべき2つのこと

僕自身は、会社を去ろうかどうしようか迷った時、先輩からアドバイスを受けました。上司について2つの視点で考えてみてはどうかと言われたのです。

「この上司と10年後も働きたいか？」
「将来、この上司のようになりたいか？」

この2つが当てはまる環境なら、今の職場で一生働けばいい、と。

よくよく考えてみましたが、とても尊敬できる上司でした。仕事もすごくできる。ただ、自分がそうなりたいか、というと違いました。この先、ずっと一緒に仕事をしたいか、というとこれも違った。

その上司が嫌いだったわけではありません。単純に、同じ場所でずっと働くことや、同じ人とずっと関わり続けていくことに抵抗があったのです。

加えて、未知なる世界に飛び込んで、いろいろなことにチャレンジしたかった。だから、最終的に会社を辞めることにしました。

情熱がない分野に居続ける必要がなかったのです。

では、会社員として、社内で群れずにやっていきたい、あるいは独自の事業を作ってやっていきたいという人は、どうすればいいか。

むやみやたらに孤立していると、会社によっては、協調性がない、と評価が下がる可能性もあります。

大切なのは、結果を出し、独自のポジションを作っていくことです。

圧倒的な結果を出し続ければ、基本的には孤高の存在でも、とやかく言われない。む

しろ、尊敬や信頼を集められるのではないでしょうか。

組織にいて、結果も出さないまま、「ひとり」路線を貫くのは厳しいといえます。

僕の場合は、新入社員の頃は、さすがに周囲に合わせていました。

ただし、独立すると決意したあとは、仕事はきっちりとこなしながらも、周りに合わせず、周りを気にせずに、自分の仕事が終わったらさっさと帰っていました。

自分のスタイルを貫き通していました。

それでも、評価が下がることはありませんでした。やるべきことをしっかりとやって、確実に結果を出していたからでしょう。

企業にいながら、いつでも「ひとり」でやっていける力をつける。

企業にいながら、孤高の存在としてやっていく。

企業を辞めて、独立する。

どれもありです。自分にふさわしい「ひとり戦略」を選びましょう。

Point

組織で孤高の存在を目指すなら、確実に結果を出し続ける。

41

ひとりなら、
やりたいことができる。
やりたいことができるのが
真の幸せ。

幸せってなんだと思いますか。

お金があることが幸せでしょうか?

僕はそうは思いません。


トーマツ時代、たまに三重県の実家に帰りました。帰省すると、高校時代のブラスバンドの先輩に会ったりしていました。18、19歳で結婚して、子どもが2人。地元の工場で働いていて、すごくリッチな生活をしているという印象は受けませんでした。でも、本当に幸せそうでした。子どもたちと楽しそうに遊んだりして。

僕はその時に、こういう生き方も幸せで、ありだなと思っていました。

もちろん、当時は起業を考えていたので、積極的に先輩の生き方を選びたかったわけではありませんが。


何が幸せかといえば、そのかたちは、人それぞれです。

たとえお金がなくても、「自分がやりたいと思ったことをやれるのが幸せ」なのだと思います。

周囲からどう思われるかではなく、社会的評価でもなく、肩書でもない。大切なのは、自分がやりたいかどうか、なんです。

自分のやりたい気持ちを大切にして、やり遂げたり、結果を出したりするには、「ひとり」が動きやすい。

ここまで書いてきたように、ある程度の結果を出したあとなら、仲間とつながるのもいいでしょう。けれど、長い人生のうち、「ひとり」でがんばらなければならない時期は、避けて通れません。

芸術家の故岡本太郎氏は、「芸術とか哲学とか思想なんて、みんな孤独の生み出した果実だ」と言っています。

何かを極めようとしている人は、基本的にみんな孤独です。

結局のところ、みんなとワイワイやりながら、一流になった人はいない。

芸術家にせよ、野球選手にせよ、寿司職人にせよ、ゴルフの選手にせよ、起業家にせよ、向き合っているのは、誰か他人ではなく、自分自身です。

まずは、自分自身と向き合って、本当にやりたいことをやって、高みを目指す。

それによりはじめて、自分だけにしかない能力を身につけられるのだと思います。


人生の貴重な時間をかけて本当にやりたいことは何か。

そのやりたいことを見つけ、生き生きとした人生をそろそろ歩みはじめましょう。

ひとりなら、身軽に、最初の一歩を踏み出せるでしょう。

Point

やりたいことへの第一歩を、ひとりで踏み出そう。

Chapter 5　ひとりでも、君は生きていける。　まとめ

- 「このままでいいのか」と悩んだらチャンス。迷わず行動に移そう。
- 独立を志したら、その道の成功者にアドバイスをもらい、愚直に実行する。
- ネットビジネスを目指すなら、テストマーケティングで腕試しをしてみる。
- 成長の壁を感じたら「ギバー」の発想で考えてみよう。
- 本当にやりたいことがあるなら、「ひとり」で一歩を踏み出そう。

Epilogue

君に〝友だち〟はいらない

独立して5年が経ちました。

現在、社員なしで年商約10億円です。僕自身、まだまだたいしたことない、もっともっと変わっていきたい、新しいことにチャレンジしたい、と思っています。

一方で、周囲の人は「すごい」「成功している」「勝ち組だね」と言ってくれます。

もし、成功しているのだとすれば、勝因のひとつは、間違いなく、結果が出るまで「ひとり」で自分に向き合ってきたからです。

友だちを作らず、遊びに行かず、異業種交流会にも参加せず、ただひたすら勉強し、ただひたすら仕事に打ち込んできました。

浪人中の2年間。

公認会計士試験合格を目指していた大学4年間。

起業を決めてから事業が軌道に乗るまでの2年間。

合計すると8年もの間、ほぼ「ひとり」で生きてきました。

今はビジネスパートナーたちがいますが、基本的には、社員を雇わずに、ひとりで仕事をしています。


本書でも書いてきたように、今、AI技術が進歩し、ロボットに仕事を持っていかれています。大企業も、まさかの不祥事が相次いで、先行きは見えません。

「企業に頼る生き方」というものを、一度、見直す時期に来ているのだと思います。


企業を辞めろと言っているわけではありません。

企業にいてもいいけれど、自分で自分を守る力、すなわち「ひとりでも生きていける力」を身につけておいたほうがいい、と考えているのです。

もちろん、やりたいことがあるのなら、思い切って独立して起業にチャレンジするのも大賛成です。

スタートに「遅すぎる」はない

ひとりで生きる力をつけて、周囲と差をつけたいと考えるなら、いつスタートしても遅すぎることはありません。

ただ、20代をどう動くかで30代の9割は決まりますし、30代をどう動くかで40代の9割は決まります。

何歳でスタートしてもいいのですが、早く結果を出したいなら、今すぐスタートを切ったほうがいい。

周囲の多くの人よりは、かなり上に行けます。

世の中の人が、みんなすごく読書をして、勉強をして、将来のために向上心を持って動いているかというと、決してそんなことはありません。

たとえば、公認会計士は一般的にいうと超プロフェッショナルで、すごく優秀な人も多いわけですが、その人たちが、次のステップに向かって何かアクションを起こして、ガッツリ努力をしているかというと、そんなこともありません。

ほとんどの人は、毎日、普通に、淡々と働いています。
だから、そこからひとり抜け出そうと思うなら、いつスタートしても大丈夫。

もう30代後半だから無理、40代だから遅すぎるということは全然ありません。ライザップのCMを見て、何歳からでも体は鍛えられる、と思った人は少なくないと思います。目標を達成しようとするのに遅すぎることはない。

周囲と競う必要はありませんが、周りがやっていない分、本気になって「ひとり」で取り組めば、やった分だけ差をつけることができます。

本当に歩みたい人生を歩むために

上を目指す時には、あまり難しく考えすぎないことが大切です。

テレビを見ていると、そんなにとび抜けてすごいわけでもないのに、なぜか売れている人が結構いるなと感じます。

歌がうまくないアイドル歌手、一発芸のお笑い芸人、よく噛《か》むアナウンサー……。

彼らが悪いというわけではなく、見ていると、「自分も何とかなるでしょ！」と元気がもらえるんです。

あまり深刻に考えずに、軽いノリで考えたほうが、前に行けます。

難しく考えると最初の一歩が出ませんから、気持ちを軽くしておくといいでしょう。

難しく考える必要はありませんが、結果を出すまでは、ストイックさが必要です。

今、普通のライン上にいて、そこから上を目指そうというのですから、人と同じことをしていては、抜け出せません。

「みんなと一緒」では、「みんなと一緒の自分」にしかなれないのです。

勇気を出して、なれ合うだけ、なんとなく時間を共にするだけのつながりを絶ち、そろそろ、本当に歩みたい人生を歩んでいきましょう。

もしかしたら、最初はラクじゃないかもしれません。

だけど、今しっかり「ひとり」でがんばれば、少なくとも10年後には、きっと歩きたい道を歩いているはずです。僕のように。

金川顕教

●装丁／井上新八
●本文デザイン・DTP／斎藤 充（クロロス）
●編集協力／小川真理子、藤吉 豊（クロロス）
●プロデュース／水野俊哉

【著者紹介】

金川顕教（かながわ・あきのり）

起業コンサルタント・事業家・作家。

◆1986年、三重県生まれ。東京都港区在住。偏差値35から大学受験を志し、２浪の末、立命館大学産業社会学部に入学。大学合格発表直後から受験勉強を資格試験勉強に切り替え、在学中に難関の公認会計士試験に合格。その後、世界一の規模を誇る会計事務所デロイト・トウシュ・トーマツグループである有限責任監査法人トーマツに就職。

◆新入社員で年収600万円が保証される生活に「これで一生安泰の人生が送れる」と思ったのも束の間、自分自身の時間が削られていく不自由さに耐えきれず、毎日の激務をこなしながら起業のための勉強を開始する。勉強期間中の副業で給料の10倍の収入を得て、軌道に乗ってきた2013年に独立。以来、事務所なし従業員なしの会社は年々売り上げを伸ばし、2018年現在の５期目は１期目の20倍の年商を見込む。

◆活動の一環である公式無料メールマガジンの購読者は4万人を突破、「理想が叶うLINE通信」も３万6000人を突破。読者やメルマガ、LINE登録者の成功者は日々増え続け、連日感謝のメッセージが届く。今日も、より多くの人が自由な人生を送れるようにと仲間と奮闘を続けている。

◆著書に『すごい効率化』（KADOKAWA）、『20代の生き方で人生は９割決まる！』（かんき出版）、『これで金持ちになれなければ、一生貧乏でいるしかない。』（ポプラ社）、『時給思考　１時間で10倍の成果を生み出す最強最速スキル』（すばる舎）、『シナジー人脈術　最小限の力で最大限の成果を生み出すたった１つの方法』（あさ出版）ほかがある。

- **金川顕教オフィシャルサイト　http://akinori-kanagawa.jp/**
- **理想が叶う金川顕教LINE通信　＠rgt0375y**
- **金川顕教公式無料メールマガジン　http://akinori-kanagawa.com/lp/**

ひとりでも、君は生きていける。

2018年3月27日　第1刷発行

著　者――――金川顕教
発行人――――鈴木昌子
編集人――――吉岡　勇
編集長――――倉上　実
発行所――――株式会社 学研プラス
〒141-8415　東京都品川区西五反田2-11-8
印刷所――――中央精版印刷株式会社

〈この本に関する各種お問い合わせ先〉
• 本の内容については
TEL03・6431・1473（編集部直通）
• 在庫については
TEL03・6431・1201（販売部直通）
• 不良品（落丁、乱丁）については
TEL0570・000577
学研業務センター
〒354-0045 埼玉県入間郡三芳町上富279-1
• 上記以外のお問い合わせは
TEL03・6431・1002（学研お客様センター）